東大生と語り尽くした6時間

立花隆の最終講義

立花 隆

JN003421

文春新書

1335

はじめに

『二十歳の君へ』担当編集者　藤森三奈

本書は、故・立花隆氏が、２０１０年６月に文藝春秋で立花ゼミ生に向けて行った講義録である。

立花ゼミは、東京大学教養学部（１～２年生）の「全学自由研究ゼミナール～調べて書く」として、１９９６年冬学期に始まった。

有名・無名に限らず様々な人物に、20歳の頃の話を聞いてまとめることがこのゼミのテーマとなった。97年の駒場祭までに計４冊の小冊子を制作、単行本『二十歳のころ』として新潮社からも出版された。教養学部でのゼミは97年度で終了したが、その後も自主ゼミとして継続し、２００５年に復活、ウェブサイト「ＳＣＩ（サイ）」を立ち上げた。ウェブ上に影響力のあるサイエンスメディアを作ることが第２期立花ゼミの目的だった。このゼミは、06年冬学期まで続いた。

そして、07年夏学期以降に始まったのが、第3期立花ゼミだ。コンテンツを科学技術に限らないこととし、サイト名を「KEN BUN DEN（見聞伝）」と変えて再出発した。「調べて書く、発信する」というテーマは一貫して変わらなかった。

立花さんから、ゼミ生と一緒に本を作らないか、と提案があったのは、10年の春だった。ゼミ生に「調べて書く、発信する」すべてを本作りの現場で経験させたいというものだった。要するに、取材、執筆、編集までを学生にやらせるということ。これが、編集者の私にとって、楽な仕事なのか、大変な仕事になるのか、この時点ではわからなかったが、当時すでに立花さんと別の書籍を作っているところだったので、2冊同時に立花さんの本の編集をすることは難しい、とだけはわかっていた。

そこで、学生たちと会うことになった。そのとき、私の気持ちは決まっていた。私は監督の立場をとり、彼らに編集を経験してもらおうと。

書籍の構成は、第1章はゼミ生が興味のある人物を訪ねて、20歳の頃の話を聞くインタビュー集、第2章は本書に再録した講義録、第3章はゼミ生による手記である。この構成もゼミ生が考えたものだ。中でも第2章が重要なパートになることは学生たちも心していた。立花さんがその年3月に東京大学を退官しており、それならば「最終講義」をしてもらい、文献として残したいという気持ちがみんなの中にあったのだ。

講義は文藝春秋の大きなホールで、午後3時に始まった。事前に講義の内容を教えて欲しいと言ってあったが、立花さんが教えてくれるはずもなかった。たくさんの資料を抱えて登壇した立花さんだが、「今日話す内容を書いたメモを事務所に忘れてきた。今、取りに行ってもらっている」と言って、雑談からスタートした。

いざ本編が始まると、話は、死、マラルメ、自身の20歳の頃、物理、宗教、スーパーコンピュータ、ヴィーコ、デカルト、世界史、地理、社会と目まぐるしく変わっていく。しかしそれは全て1本の糸でつながっていて、我々はその糸の行きつく先を知らないまま心身が運ばれていくようだった。

終わったときには、午後9時を回っていた。誰もそんなに長くなるとは思っていなかった。おそらく立花さんも。

学生たちがこの6時間で得た刺激は計り知れない。彼らはたくさんの扉を一気に目の前にし、知識欲に駆り立てられ、これからどの扉を開けていこうかと身震いしていたに違いない。

しかし、講義を終え、彼らを待っていたのは、この講義録の編集作業だった。理系の学生は理系のパートを、文系の学生は文系のパートを担当。文字に起こしてから、学生にもわかりやすくまとめ、できたものから立花さんに提出。立花さんは手書きで大幅加筆をし、また学生がタイプする。それを何度も繰り返し、出来上がった原稿には、最初の講義録は跡形もなかった。

注釈は、学生による力作で、これが、本書を一層読みやすくしてくれる。

『二十歳の君へ』として1冊になったあと立花さんは、第2章の講義だけでも十分本にできる内容だと言って、満足げだった。それから、『二十歳の君へ』が書店で入手しにくくなった後も、何度もそう言われた。存命中にかなわなかったのが心残りだが、きっと空の上で喜んでくれているはずだ。

そして、70歳の師が、20歳の徒に残したかったここにある一字一句は、いつの日の若者にも必要なことばかりだ。

知の旅の入り口にようこそ。

東大生と語り尽くした6時間

立花隆の最終講義◎目次

第一章［序］

知の巨人、振り返る

『二十歳の君へ』は、もともと駒場祭[1]の企画の延長として生まれたものですが、駒場祭のころはこの発想それ自体に、僕自身そんなに深くコミットしていたわけではありませんでした。二十歳前後の君たちへ何かを話したいという気持ちがそれほど強くあったわけではないということです。

『二十歳の君へ』的なことをしゃべりたい気持ちが強く湧き起こって来たのは、このあいだ七十歳の誕生日を迎えてからです。君たちはまだ二十歳前後だから、七十歳になるまでに、あと半世紀はかかるわけです。当然のことながら六十歳、七十歳という年齢を実感を伴って想像することは、できないでしょう。

今、六十歳、七十歳と一口に言ってしまいましたが、六十代と七十代は全然違うものだということが、自分が実際に七十歳になってみてはじめて分かりました。何がそんなに違うのかというと、肉体的には大した変化はありません。変わったのは心理です。自分の死が見えてきたなという思いが急に出てきたのです。七十歳の誕生日、六十代に別れを告げて七十代に入ったまさにその日、とうとう最後の一山を越えたんだなという思いがしました。そして今、目の前には七十代という地平が広がっていますが、その向こう側に、自分の八十代、九十代という未来平面が広がっているかといったら、いません。七十代の向こう側は、いつ来るか分からない不定型の死が広がっているだけという感じなのです。

そうなってみてはじめて、二十代の若者に何か言い残しておこうかという気持ちになりました。実はそれまでは、自分が生きることに忙しくて、若者を思いやって何かを語っておこうなどという気持ちにはなれなかったのです。

実際に七十を迎えてみると、二十歳の人間と自分とは相当違うところに来ているな、という実感があります。だけど、二十歳の君たちには想像もできないことだろうけど、七十歳になるということはそれはそれで面白いものです。パッと振り返ってみると、そこに自分の七十年の人生がある。それが一目で見渡せるんですよ。

四十、五十までは自分の人生を振り返ってみたいなんて、考えもしませんでした。いつも、そのときどきの「今」を生きることに大忙しでした。六十になったとき、はじめて、ああ、還暦か、もう六十年も生きてきたのかと、それだけ長く生きてきたことに大きな感慨を持ちましたが、自分の人生全体を振り返ってみようなどという意識は持ちませんでした。

　六十歳になったときがちょうど西暦二〇〇〇年で、二十世紀から二十一世紀への変わり目であると同時に、新しいミレニアムに入るという、千年に一度の大きな時代の変わり目でもあったという巡りあわせのせいもあります。というのも、そのときはいくつかのメディアで歴史を振り返る大きな仕事に巻き込まれていて、また、大学での仕事で歴史の振り返りをいろんなかたちでやっていたということもあり、歴史を振り返ることそれ自体は大いにやっていたのですが、自分自身の歴史を振り返るということはあまりしなかったのです。

　というわけで、自分の七十年に渡る人生全体をパッと振り返ってみるなんてことをあらためてしてみたのは、つい最近のことなんです。それはやってみると面白いものです。自分の人生のいろんな年代の持っていた意味があらためて見えてきます。二十代半ばで社会に出るまでは、すべてが社会に出るまでの準備段階だったんだな、とか、社会に出ても最初の十年間は見習い期間みたいなものだったな、とか、大づかみな人生のスペクトル分析ができるわけです。それとともに、二十代という年齢の持つ危うさが目に見えてきます。自分自身が二十代に犯した失敗の数々も走馬灯のように目の前をよぎります。

そういう経験を踏まえた上で、今からはっきり予言できることは、君たちの相当部分が、これから数年以内に、人生最大の失敗をいくつかするだろうということです。失敗には取り返しがつく失敗と、取り返しがつかない失敗があります。君たちの失敗が後者でないことを祈るばかりです。

　実際問題として、たくさんの人が二十代前半で一生取り返しのつかない大失敗をしているものです。例えば、オウム真理教[2]に入って死刑囚になってしまった君たちの先輩たちなんかがそうでしょう。しかしあれはほんの一例で、二十代前半で一生取り返しのつかない失敗をしてしまった人なんていくらでもいます。その多くが、自分では文句なしにいいことをしているつもりだった、というところが人生の悲劇です。二十代前半というのは、そのような思い込みに基づく大失敗を犯しやすい年代なのです。

　失敗とも関係があることなのですが、もうひとつ予言できることは、これから数年以内に、君たちは次から次に予期せぬ事態にまきこまれて、充分な準備ができないうちに、大きな決断を下すことを何度も何度も迫られるということです。二十代というのは、そういう年齢なのです。状況に迫られて、やむを得ざる決断を次々に下していくうちに、人生の大まかな地図が描かれてしまうのが二十代だということです。準備万端ととのえた上で、人生の大きな曲がり角に差しかかることができる人はほとんどいません。準備不足は人生の常です。したがって失敗もまた人生の常です。ということは、必要以上に失敗を恐れることはないということでもあります。失敗は成功のもととはよく言ったもので、適切な失敗の積み重ねがない人には、将来の成功は訪れて来ないということも、ここで同時に言っておこうと思います。

というわけで、適度な失敗は大いに歓迎に値するものでしょうが、生涯のトラウマを残すような失敗には出会いたくないものです。そのためにはどうすればいいのか。

ひとつは、物事を考えるとき、考え方の基本を誤らないことです。何を考えるときでも、考え方の正しい手順というものがあります。先に考えておくべき「先決問題」というものがあります。先決問題はやはり先に考えておかないと、必ず後で問題が起きます。かといって、いつでも何が先決問題か分かっているというものでもありません。問題を具体的に考え始めることによってしか何が正しい手順なのか分からない、ということも大いにありえます。

つまるところ、大切なことは、まず問題に具体的に取り組み始めることです。そして、途中で必ず「何が適切な順序か」分からなくなるという事態に遭遇するでしょうから、そこで集中的に「考える順序の問題と先決問題の議論」に取り組むのがいいということです。すべての問題には考えるのに適切なタイミングがあります。早すぎても最適解に達せないし、遅すぎてもいけません。ピッタリのタイミングで一気に、が一番ですが、現実にはたぶん早すぎたり遅すぎたりの繰り返しでしょう。考えるタイミングの習熟にも学習が必要だということです。こういった、正しいものの考え方に関するヒントのようなものは、七十歳になった今、僕が若い人たちに与えてやることができることのひとつかなと思うようになりました。

もうひとつ広く応用が効くヒントをあげましょうか。若いときに犯す大失敗の原因でいちばん多いのは「思い込み」だということです。「それはこうに決まっている」と、君たちがほとんど公理同然に思い込んで、その真偽を疑ってもみないことの中に誤りの原因がひそんでいることがいちばん多い。このあたり抽象的に語るだけでは、何のことか分からないでしょうから、また先にいって話そうと思いますが、若い人に話しておきたい大事なことというのはこういったたぐいのことです。別の言い方をすれば、自分自身、若いときにそういう注意をされていたら、もう少し失敗の数を減らせたのではないかな、と思えるようなことどもです。

死へ向かう身体

さて、僕の七十歳の誕生日以後さらに違う事態が展開していて、ますます自分が死と接近しつつあるという思いが強くなってきました。というのは、僕の母親は今九十五歳で、まだ生きてるんですが、それがもう死にかけているんです。自分の死はまだ遠くにある不定型の雲のような存在ですが、こちらは、目の前に迫りつつあるリアルな死です。ちょうど一昨日、母は体調を崩して東大病院で綿密な診察を受けたのですが、その結果、今非常に危険な状態にあり、いつ何が起きても不思議ではない、という判定を下されました。

具体的に言いますと、腎臓《じんぞう》が非常に弱っているのです。腎臓というのは人間のいろんな臓器の中でもっともバイタルなもののひとつでして、この器官が死ぬと、人間の生命維持機能の相当部分が失われてしまいます。

そもそも腎臓は「血液を濾過《ろか》して老廃物をとる」という仕事をしているわけですが、その主役をつとめているのが糸球体《しきゅうたい》というフィルターです（次ページ参照）。腎臓ひとつに百万個ずつついています。ふたつ腎臓があるから、合わせて二百万個。ひっきりなしに血液を濾過し、尿として老廃物を体外に押し流すという仕事をしているのです。その機能が破綻すると、毒素が体外に排出されないので、尿毒症という症状が起き、人は確実に死にます。

糸球体は直径〇・一ミリ程度の毛細血管のかたまりのような組織ですが、これは人間の臓器の中でもっとも精巧にできた器官のひとつです。電子顕微鏡で見ると驚嘆するほかないほど、微細に造りこまれ、極めて完成度が高い組織です。それゆえ、一度壊れると再生することができません。ほとんどの人体の組織が、一度死んでも再生する能力を持っていますが、脳細胞と糸球体だけは、一度死んだらそのままで、元に戻ることがありません。

糸球体の模式図

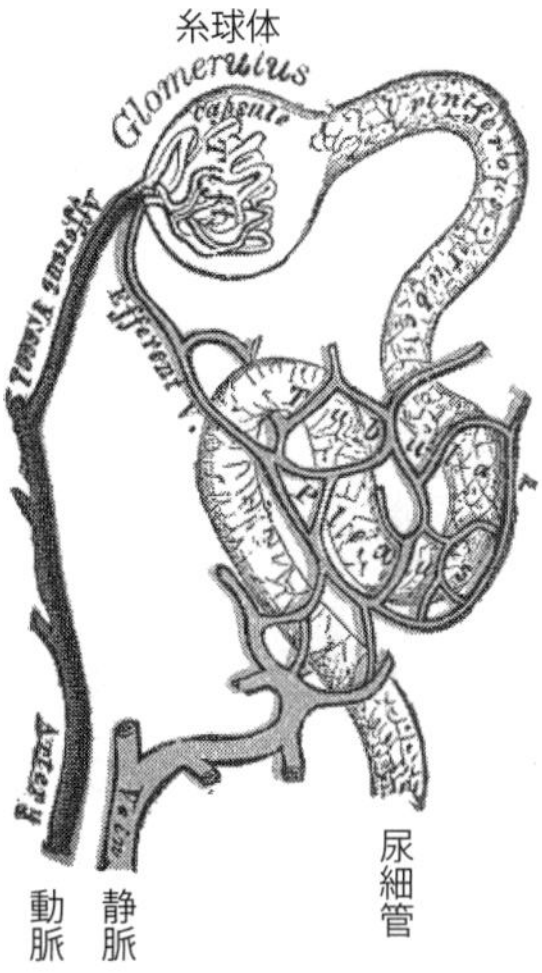

尿が作られる際に最初にできるものは「原尿」と言って、文字通り尿の元となるものです。人間が一日でどれくらいおしっこをするか、もちろん人によって差があるにせよ、せいぜい一・五リットルか二リットルくらいでしょう。では、原尿がどれくらい作られるかというと——誰か想像つきますか？

なんと百数十リットルです。なんで百数十リットルも原尿が作られるのに、おしっことして排出される量が一日一、二リットルくらいなのかと言えば、原尿の水分の大部分がもう一度吸収されてリサイクルされるからなんです。このリサイクルシステムが破綻して原尿をすべて排出してしまったら、体内の水分があっという間に失われて人体は崩壊状態になります。そういう状態を尿崩症と言います。腎臓は、人体の六割が水分と言われるほど人体にとって最重要な構成成分である水のリサイクル装置でもあるんです。このリサイクル機能を請け負っているのが尿細管という組織です。

　要するに腎臓では、糸球体と尿細管がそれぞれ違う役割を果たしながら、「体内で生産された老廃物は全部出すけれども水分は出さない」という状態を保っているわけです。そのどちらのシステムが破綻しても人間は生きていけません。

　それで今、うちの母親に何が起きているのかというと、まさにこの糸球体と尿細管の機能が両方とも失われつつあるんです。その機能が完全に失われたら間違いなく死にます。彼女の腎臓の機能があとどれぐらい残っているか、しばらく前に医者に尋ねたら「七パーセントだ」と言われました。九三パーセントが既に死んでるということなんです。それが、この前体調を崩して病院に行ったときには、五・九パーセントまで落ちていると言われました。七パーセントでギリギリ普通の生活が送れる状態で、六パーセントを切ると完全に寝たきり病人状態。五パーセントまで落ちるともういつ死んでもおかしくない、ということですから、本当にいつ何が起きてもおかしくない状況に追い込まれているんです。

その診察の様子をそばで見ていて、ああ、人間の最期はこのように進行していくんだと思いました。腎臓のような、それなしには生命維持ができないバイタルな器官の能力が少しずつ落ちていって、やがてその系がシステム崩壊する。それによって肉体全体が機能不全状態になる。それが死ぬということなんだなと思いました。

そして数年前に、父親が最後の息を引き取る瞬間を目の前にしたことを思い出しました。喉仏のところが大きく上下に動いたかと思うと、グビッというような音を立てて呼吸が止まったのです。間もなく母親にあれと同じことが起こる日がやってくるのだろうし、それからそんなに遠くない日に、自分にもその日がやってくるのだろうと思いました。

母親の腎臓の機能が失われつつあるといっても、もし人工透析[3]をやるつもりがあれば、もっと生き延びられます。ただ、二日に一回くらいの頻度で病院に通い、人工透析機に半日ぐらい体をつないだままにしなければなりません。日本でも、そういう生活をしている人は三十万人もいますが、母親はそれだけはいやだと言っています。「そのせいで寿命が縮まることになっても構わない」と言うのです。

うちの母親は頑固者で、しかしそれがどういうことを意味するか、いろいろ調べた上でそう言っているというのが分かっていますので、本人の望み通りにしてやろうと思っています。前から本人は、機械に体をしばりつけて生きるような生き方はしたくないと公言していました。彼女はクリスチャンですから、死ねば神さまの元に行けると思っているのでしょう。そういう意味で、俗人よりは死を怖がらないというか、生に執着しない側面があるのだろうと思います。

僕は俗人ですから、母親のように死んだら神様の元に行けるとか、死後の世界があるなどとはまったく思っていません。人間はどこかの段階で心臓が止まり、血流が止まったらすぐに意識を失い、そのままならあまり時間をおかずに脳が死ぬ。脳が死んだらほどなくして肉体も全面的で不可逆な機能停止状態、すなわち死を迎えるのだろうと思っています。

リアリティの皮相

人間、若いときほど死が怖いものです。

死を恐れるのは、人間の本能です。戦争の時代のような特殊な時代を除けば、死にいちばん近いのは老人です。若い人ほど死からは距離があります。僕のように七十歳にもなると、同世代の人間が次々に死んでいきます。中学校の同窓会に行けば、同級生の新しい死を毎度のように聞かされます。隣近所でも顔を見知っていたお年寄りが次々に死んでいくし、新聞を読んでいても直接間接に知っていた人の訃報が次々に報じられていきます。知っている人たちが、こんなに次々に死んでいったら、いずれ知っている人で生きている人はひとりもいなくなる日がくるんだな、と当たり前のことが分かってきます。

老人にとっては、死は日常性の中にあることです。しかし若い人にとっては、死は非日常そのものでしょう。

人の死は若い人に、いつでもある種の衝撃を与えるものです。特にそれが予期せぬ死であった場合、与えられる衝撃の大きさが違います。僕も、今でこそ何が起きても驚かないし、動揺もしないだけの体験を積んでいますが、若いときはやはり思いがけぬ人の死に出会うごとに、激しく動揺させられたものです。身近なところでは、学校の同級生の急死、自殺、事故死などがそれにあたります。

ある年齢を過ぎてからは、社会的事件となった一連の不自然死に心をゆさぶられました。

僕らの世代にとってそういった衝撃的な死として誰の記憶にもあるのは、安保闘争[4]における樺《かんば》美智子さん[5]の死でした。僕の数年先輩ですから直接の知人ではありませんが、彼女を直接知っている人は、僕の周辺にたくさんいました。

　時代はちょっと違いますが、三島由紀夫[6]の死もまた衝撃的でした。三島さんには文春の編集者時代に何度か直接会ったことがあったからです。三島さんが東大全共闘の学生と対決[7]すると言って東大に乗りこんでいったときも、取材がてら近くからウォッチしていましたしね。それより、三島さんと共に死んだ森田必勝《まさかつ》のことはもっとよく知っていました。ある雑誌の仕事で、楯の会とは何たる組織なのかを伝えようということで、その隊員たちを取材したことがあったからです。森田必勝と、もうひとり現場にいて生き残った古賀浩《ひろ》靖《やす》の両方の話を、事件の数週間くらい前だったか、一時間くらいにわたって聞いたことがあったのです。森田必勝は、よくそう想像されるようなイデオロギー過多のファナティックな右翼青年というよりも、赤い頬っぺがかわいいナイーヴな地方出身の若者という感じでした。

　それにしても、あの三島さんの死に方はショックでした。自ら切腹した上で、森田に介錯させ、自分の首を斬らせるというあの死に方は、人の想像を絶するものがありました。

現場があまりにも凄惨であったため、当局の発表にも、それを報道する側にも自然に抑制がかかり、結局、現場の様子がリアルなかたちで表に出たのは、十年も経ってから、写真雑誌『フライデー』が、当局が保管していた現場写真をスクープというかたちで掲載してからのことです。

あの写真は警視庁公安部の右翼担当の部員が、現場写真として保存していたものです。あの日内部から鍵をかけた総監室で行われた、切腹から斬首に至るまでの一部始終を、公安部員は廊下側の天窓ごしに全部ウォッチしながら、証拠写真を何枚も何枚もバチバチ撮りまくっていたのです。公安部員というのは、右翼担当でも左翼担当でも、どんな重大な事件に遭遇しても、それに直接介入することなく（止めに入ったり逮捕したりせず）ただひたすら、事の成り行きをじっと見ているという習性があるのです。普通の人なら必ず目を背けるに違いないどんな恐ろしい場面でも、じっと見続けることをもってよしとする職業倫理があるのです。

この話を聞きながら、公安という組織の空恐ろしさは、その組織原理の奥底に流れる、このようなとことんまでのニヒリズムにあると感じました。後に僕は『日本共産党の研究[8]』の中で、戦前の特高組織[9]の空恐ろしい側面を次々に暴いていくのですが、その原点には、三島由紀夫事件で感じた公安警察の不気味さがあったように思います（公安警察の前身が特高警察）。

なぜこんな話をするかといえば、君たちがどれほどものを知らないかを教えるためです。大学生は、この社会ではまだヒヨコのごとき存在です。二本足でやっと歩けるようになったので、本人はもう一丁前になったつもりでいるかもしれませんが、実はまだ世間様のことなどほとんど何も知らない存在なのだということです。

例えば、君たちの常識では、メディアをちゃんとウォッチしていれば、その報道を通して世の中の動きのたいていのことは分かるはずだと思うでしょう。しかし、メディアの現場を何度も踏んできた人間として断言できることは、メディアの報道をいくらカバーしても、本当に社会で起きている事象の大半は分からないままに終わるということです。特に大事件の場合、報道量は爆発的に増えるけれど、同時に、伝えられないあるいは伝えきれない事実も爆発的に膨れ上がるのです。

第一にリアリティの細部が伝えきれません。三島の自決の場面がその好例です。またその現実の背景、持っている意味の深さなども伝えきれません。メディアが伝えるものは、いつでもリアリティの皮相の部分だけです。事件の影の部分というか、より深いレベルの真実を知ろうと思ったら、何年かして、その事件に入れ込んだレポーターが当事者たちにディープな取材をして本を書くまで待つほかありません。

しかも、「事件の影の部分」以上に、この社会には「そもそもの影の部分」というか、闇社会あるいは社会のダークサイドとしか言えない部分があって、そこはそもそもメディアがカバーする範囲に入っていないのです。公安警察が日常的に本来の職務上の監視対象に対して行っている密行捜査などは「表のウラ部分」になります。一般人があまり知らないだけで、公安警察の「表のウラ」的な部分はこの社会のあちこちにあるものです。世の中のナイーヴな人々は、「見ぬもの清し」の原則に従ってそのようなダークサイドはこの世に存在しないと思っているようですが、そんなことはありません。実際は驚くほどたくさん散らばっているのです。

これから君たちが社会に出ていく際に、決めなければならない重要なことのひとつは、この社会のオモテウラ構造のどのあたりに自分が入っていくかということです。オモテだけしか知らないナイーヴな純オモテ種族として生きていくか、オモテ社会とウラ社会の間を行き来する両生類として生きていくか、それともウラ社会に身を沈めて生きていくか（それも全身どっぷり浸かるか半身だけにしておくか）です。それは、そこを生息圏とするかどうかという問題に留まらず、そこを生息圏とはしないまでも情報圏として活用していくかどうか、あるいは、そこを経済的交易圏として認め、取引関係を保つことを容認するかどうかといったことを含む微妙な問題なのです。

　君たちの中で、ウラ社会に全身どっぷり浸かって生きていく道を選択する人はおそらくいないでしょうが、これから社会のどの部分に自分の身を置くかによって、かなりの人に、社会のダークサイドと一定の関係を持たざるを得なくなる可能性が出てくるはずです。

　なにしろ、君たちは知らないでしょうが、日本のＧＤＰの結構な部分が、社会のダークサイドとの交易関係の中で産み出されているのです。いろんな試算がありますし、また「ブラック」「ダーク」の定義によっても違いますが、ＧＤＰの一割は楽に越えているはずです。これは日本に限った話ではありません。ＧＤＰの一割どころか二割、三割というレベルまで闇世界に侵食されている国がいくつもあります。そういう国、地域は、アジア、中央アジア、東ヨーロッパ、ラテンアメリカ、中東、アフリカなどに多く、つまり世界ＧＤＰの相当部分が闇世界に侵食されているわけです。

　オモテ世界だけを見ていたのでは、世界の現実はほとんど分かりません。実際に社会のどこかに身を置いて経済活動、社会活動を始めれば、どこかでダークサイドと接触せざるを得ないというのが世界の現実なのです。

疑わしきに囲まれて

僕は、週刊誌の仕事を業として長くやってきましたから、そのようなダークサイドに関して、断片的な情報を日常的にたくさん聞き込んでいました。編集会議にはそういう断片的な聞き込み情報がしょっちゅう出てきます。しかし、それを取材して週刊誌の記事にできるところまで持っていけるかといったら、ほとんどが無理です。活字にできるだけの裏付け証言がとれないままに消えていく話が山のようにあるんです。真偽不明の怪しい噂がゴロゴロころがっているというのがマスコミの裏側です。怪しい話を安易に信じすぎてしまう人間はもちろんマスコミ界では落第者です。若い人の間にありがちな軽信家タイプがそれです。

僕も若いころはずいぶんいろんなガセネタに動かされたものです。しかしガセネタに何度か騙されてみないと、ウソとホントの見分け方が学習できません。マスコミの中堅幹部以上はみんなそういう騙されたり、あるいはスレスレの経験者ですから、若手のどんなに面白い聞き込み情報にも厳しい真偽性チェック（ウラ取り要求）をかけてきます。大マスコミほど、そういう懐疑的中堅層の厚みがあるから間違いを犯さないで済んでいるのです。
マスコミの世界とサイエンスの世界に共通して必要とされる精神が、「職業的懐疑の精神」（professional skepticism）です。それがいかにも本当らしく、自分としては信じたい話でも、まずは「本当にそうか」と徹底的に疑ってみて、その信憑性をとことん確かめるまで信じないという精神です。この精神がない人はサイエンスの世界でも、マスコミ界でも落第生になります。ただし、掘れば見つかるかもしれない手がかりをつかんでも、自分で本当に掘ってみる手間を惜しんで、宝を見逃してしまう人は、それはそれで別のタイプの落第生と言えますが。

さて、僕がいつごろこんなふうに世の中のことがある程度分かったつもりになれたかというと、社会に出て、十年選手になってからです。君たちもたぶん同じでしょう。世の中がある程度分かったつもりになれるのは、これから十年経ってからです。大学を出たあとどういう現場に入っていくにしろ事情は同じだろうと思います。大学で学べることなど、本当にたかが知れています。知識が本当に身についていくのは、すべて社会に出てからです。ある程度大きな組織に入り、見晴らしのいい現場を三つくらい経験して視野を広げ、ある程度部下を持ってチームワークの仕事もこなせるようになるのが、十年選手です。そこまで行ってはじめて、自分に自信がつき、自分が見ているものを正しく見分けられるようになります。

それまでは、間違い続きです。自分が見ているものが本当のところ何なのかすら、よく分からない時代が続きます。十年選手になってはじめて、自分が考えていることが正しい方向か否かを自分なりに正しく判断できるようになります。自分は一人前の人間になったという自覚を持てるようになるのです。年齢でおよそ三十代前半というところでしょう。そのあたりから、若手呼ばわりされていた人間が中堅と呼ばれるようになるわけです。こういう大づかみな話がパッとできるようになるのが七十歳の年輪というものかもしれません。

僕が『田中角栄研究』[11]をやったのは三十四歳のときでした。そのとき、約二十名の取材班をひっぱっていましたから、まあ、マスコミの現場では、働き盛りと言っていい年齢になっていたわけです。

僕の上に三十代後半の担当デスクがいて、この人が日常的に取材の進行をチェックしていました。その上に四十六歳の編集長がいて、原稿の最終チェックはこの人がしましたが、日常の取材はノーチェックでした。他に取材班の中に大ベテランの取材記者が入っていて、この人が何でも相談に乗ってくれたのが、信頼性確保に役立ちました。チームの仕事は、チーム全体の経験知の集合量で決まってくるものです。

僕は、大学を卒業して、文藝春秋に入り、そこで二年半勤めたあとフリーになり（同時に哲学科に学士入学して大学生に復帰）、複数の雑誌の仕事をするようになります。しばらくすると文藝春秋で週刊誌と月刊誌二誌、講談社で週刊誌二誌（女性誌と男性誌）と月刊誌一誌の仕事をかけもちでするようになりましたので、踏んだ現場の数（こなした締め切りの数）は人一倍多いわけです。だから、三十四歳になったときには、雑誌の世界の経験量（特に取材して書くという意味での経験量）は誰にもひけをとらないレベルに達していたわけです。それがあの歳で、あれだけの大仕事をまかせてもらえた理由だと思っています。

結局、人間に何ができるかは、その人がそれまでにこなした仕事の量と質両面の関数値です。大学生時代は、自分が将来いい仕事に食らいついていくための現場探しの時間くらいに心得て、自分の能力のブラッシュアップをもっぱら心がけるべきです。自分の脳の中をよく耕して、肥料をたっぷり鋤《す》き込み、ブレインパワーの基盤力を養っておくということです。

こういうアドバイスなら、今の若い連中にしておけるかなと考えたのが、七十歳になった今、この場を設けた理由です。

このあたりから二十歳前後の若い人々に語り残しておきたいと思うことを、アトランダムに話していくというこの講義のメインコンセプトの部分に入っていくわけですが、あらかじめ言っておけば、この講義は構成をきちんと考えぬいて作ったというタイプのものではありません。ほとんど気の赴くままに、いろんなことを述べていきます。

要するにこの講義は、若い人へのいろんなアドバイス集であるとともに、頭をよりよく使っていくためのヒント集のようなものです。あるいは、この世界をよりよく摑む、またはよりよく見るための手がかり集のようなものと言っても良いかもしれません。

脳内コペルニクス的転回

本題に入っていく前に、最初にまずひとつだけ言っておきたい大事なことがあります。それは、君たちの頭の中から天動説を一掃せよということです。極座標中心思考からデカルト[12]座標中心思考に切りかえよ、ということです。

今君たちの脳は人生でいちばん大切な再編成の時期を迎えています。君たちは知らないでしょうが、君たちの脳波[13]はまだ成人期の脳波になっていません。人間の脳波は成長段階に応じてパターンが変わっていきます。成長期の脳は成長期特有の脳波を出し、成人期の脳は成人期特有の脳波を出します。幼児期の脳波も、老人期の脳波もそれぞれ特徴的なパターンを持っています。成長期の脳は、脳の回路の組み換えがどんどん行われていること、つまりまだ極めて可塑《かそ》性[14]が高い状態にあることを示しています。

それに対して、成人期の脳波は、回路の組み換えや新しい回路の組み立てがもうほとんど起こらない、可塑性が失われた状態の脳であることを示します。言葉を換えて言えば、成人の脳は柔軟性を失って硬化した脳で、あとはできあがった回路を使い回していくだけの段階に辿り着いているということです。

どのあたりで、柔軟性に富んだ成長期の脳が柔軟性を失った成人期の脳になるのかというと、個人差はありますが、二十代前半を終えるころ、ちょうど大学を出て社会に入っていくあたりと考えられています。一般に企業が新規採用者を大学新卒者にしているのはこういう脳の成長段階から見た意味合いもあるのです。大学新卒者は脳のベーシックな能力がもっとも高まっている時期にあるとともに、新しい環境への柔軟な適応力を残している最後の時期にもあるということです。

今はまだ、君たちの頭の中では脳回路の組み換えがどんどん行われており、新しいニューロン、新しいシナプスの発生もどんどん進んでいます。大学に入学したときと大学を卒業するときとで君たちの脳はほとんど別人のものかと見紛うほどの変化を遂げているはずです。二十歳前後のこの時期を逃すと、このような脳の大変化と、もう二度と出会うことはありません。次に脳波のパターンが大きく変わるのは、六十代を過ぎて、老人期に入り、脳機能が低下し、脳の退化現象が見られるようになってからです。

つまり物事の見方、考え方のパラダイムシフト的大変革をなし遂げる人生最後のチャンスは今だということです。そして、このような時期を捉えて、真っ先にやっておかねばならないことが何かというと、先に述べたように、極座標中心思考からデカルト座標中心思考に早く切り替えを行うということです。

まず、それが何を意味するかを説明しておきます。

第一に指摘しておかなければならない重要な事実は、君たちの頭の中にある生得的な座標系が極座標になっているということです。極座標とは、球を輪切りにして半分にした立体図面に所番地を入れたようなものと考えればいいでしょう。要するに、世界の中心に自分を置き、なんでもかんでも自分中心主義的に世界を眺める構図ということです。これは君たちの頭が特別にお粗末にできているからというわけではなく、すべての生物の頭はそのようにできているのです。

現代的な戦闘機のパイロットを主人公にした戦争もののドラマを見たことがある人はすぐ思い出すでしょうが、「三時の方向から敵機が急速接近中。距離五百マイル、ミサイル発射用意」なんて言うでしょう。要するに、「自分から見て何時の方向に対象物があり、それは敵か否か。そこまでの距離はどのくらいか。その距離が詰められつつあるのかどうか。その相手は攻撃すべき相手かどうか」これがパイロットにとって重要な情報のすべてです。そして決断はミリ秒単位で下さなければなりませんから、頭の中で何の計算も何の座標転換もしなくて済むように、すべてを極座標空間的表現（自分から見て何時の方向、自分との距離と速度）で処理するわけです。

すべての生物にとって他者と出会ったとき、とっさにしなければならない最重要な判断は、Fight or Flight（戦うか、逃げるか）です。シチュエーションはこのパイロットと同じで、生物の脳はみな極座標空間の簡易計算で、答えをパッと出し、パッと反射的に反応するわけです。動物の本能的な行動はすべてこれ、つまり即断即決の反射行動であって、じっくり考える熟慮行動的要素はまったくありません。

ちょっと前に評判になったマット・デイモンによるスパイ映画三部作（ボーン・シリーズ）[15]には、冷戦期にアメリカで育てられた、超有能な殺人マシーンのスーパーエージェント「ボーン」が出てきます。彼は徹底的な訓練によって、極座標空間内で人間が持ちうる動物本能的な即断即決型殺傷能力を最高度に引き出された人間です。彼はすべてを反射的な行動として行いますから、殺傷能力行使の現場では、反省とか熟慮といった人間的な思考能力を一切用いません。そのために多くの失敗を重ねます（殺さなくていい人間を殺す、など）。

ボーンの例に見るように、極座標中心思考に徹すれば人間的悩みを何も抱えずに済みますから、効率はマシーンのごとく恐ろしいほどに上がります。しかし、同時にその結果として、人間として許しがたい失敗を犯すことにもなります。

人類史という視点から見ると、人間は、極座標空間思考に長じることによって短期的利益を極大化させることができましたが、長期的利益を得るという観点からは、しばしば失敗を重ねてきました。そこで人間は動物本能的な「即断即決型行動」の限界をさとり、そういう世界を脱して、じっくりものを考える方向に脳の動作パターンを変更していったのです。そうすることによって、より多くの長期的利益が獲得できるということが分かったので、人類は生後の学習能力と記憶能力を駆使することによって、脳の動作パターンを全面的にそちらの方向に切り換えることで新しい文化を生んできました。その結果、下等生物のすべてを圧倒するような高度な文明世界を築いたわけです。これが、人類史の簡単な要約と言えるでしょう。

　そしてその変革の中心原理としたのが、極座標空間への固着から人間の脳を解き放ち、世界をより客観的に把握できるような座標系に脳を誘導することでした。

　新しい座標系とは、デカルト座標です。デカルト座標とは、みんなが中学以来学習させられてきたx軸とy軸の直交座標軸上に作られた座標平面のことです。デカルト平面の上に展開される解析幾何学の考え方、それは中学数学の言葉で言えば「方程式はグラフで解くことができるという考え方」ですが、それこそが、デカルトが人類に与えた最大の贈り物と言えるでしょう。それに比べたら、「我思う、ゆえに我あり」のデカルト哲学などクズみたいなものです。

　みんな既に知っているように、通常人が出会う数学上の問題は、ほとんどすべて、デカルト平面上の一次ないし二次の代数問題として解くことができます。ただし、ここで大事なことは、デカルト座標のこのような実用的有用性を知ることにあるのではなく、デカルト座標が人類を本能的な極座標思考様式から解き放ったという事実とその意味を知ることにあります。

人類はこれによって、自分と自然環境、自分と社会環境を冷静に分析し、すべてを客観視した上で自分の行動を決定していくという新しい原理の上に社会を築き直すことができたのです。その結果として、人類は科学的文明社会を持つことができるようになったということです。

デカルトの解析幾何学が与えたもうひとつの利点は、人間を反射行動のかたまりにしてものを考えさせない「即断即決主義」から解き放ち、物事を分析することでじっくり考えさせる「熟考行動型」の動物に変えたことです。

解析幾何とは、英語で言えばアナライズする幾何学です。グラフを駆使して（データを視覚化することを通じて）ああでもないこうでもない、と考え続けることが解析幾何学のポイントなのです。前提と結論の間に必ずアナライズの一項を加えるのが解析幾何であり、解析幾何学的思考様式の要点なのです。前提と結論の間を反射弓の神経回路が直線的に結んでしまう動物本能型思考様式（短絡思考と言ってもいい）とそこが根本的に違うところです。アナライズの一項を加えることで、結論を得るまでに余計な時間がかかってしまいますが、長期的に見ると、そのほうがずっと大きな利益を獲得できるのです。

天文学の世界では、地球中心主義の天動説がまさに極座標的な世界観そのものであり、地動説の世界がデカルト座標の世界ということになります。天文学に限らず、そこに世界の中心ないし中心軸があり、残りの世界はすべて、その中心軸のまわりを回っているだけとする思想はすべて天動説の変形であり、極座標的思考様式と考えられます。

例えば、政治の世界で言うと、特別の民族ないし階級に、世界の救済ないし再編の使命が与えられているとする思想がいろいろあります。

プロレタリア階級[16]に特別の歴史的使命が与えられているとする共産主義思想もそのひとつです。アーリア民族に世界支配の使命が託されているとしたナチズム[17]もそうだし、ユダヤ民族の特別な歴史的使命[18]を信じているイスラエルの宗教的民族主義過激派もそうです。アメリカ国家にはアメリカ型の自由と民主主義を世界に広める「マニフェスト・デスティニー[19]」がある、とするアメリカの超保守派の思想（これはブッシュ政権下のネオコン[20]の専売特許ではなく、十九世紀から続くアメリカの伝統的思想）もそうです。戦前の日本で、アジアに天皇中心主義的な超国家「大東亜共栄圏[21]」を作るべしと主張していた超国家主義者たちにしても同じことです。

政治の世界では、世界中どの地域にも、偏狭で排他的なナショナリズムを唱えるショーヴィニスト[22]と呼ばれる人々がいるものですが、彼らこそ、脳がいまだに極座標系思考に染まったままの典型と言うべきでしょう。

しかし、若い人は一般的に、多かれ少なかれ、精神構造が自己中心主義から抜けきれていないものです。だから、ショーヴィニストをそうそうバカにすることはできません。それどころか、ショーヴィニスト系の政治団体に入って熱心な活動家になってしまったりする若者というのは世界各地にいるものです。君たちは知らないでしょうが、戦前の東大にも、ショーヴィニスト系右翼団体がたくさんあったのです。

今日、一般学生が声高にそのような主張をすることはまずないでしょうが、政治世界においてではなく、日常生活世界において、世界はいつも自分を中心に回っているべきだと思う若者は、世界のどの地域でもむしろ多数派です。彼らは、そうでない現実を目にする（体験する）と必要以上に落ち込んで、トラウマを抱えたまま人生を送ることになったりします。そんな若者は今の日本にも少なからずいるものですが、彼らもまた極座標にとらわれた頭の持ち主だということです。

人類史において、理論と観測の両面から、天動説は捨てられざるを得ませんでした。地動説を受け入れたところから人類史の新しい時代、近代が始まったわけです。それと同じように各個人史においても、どこかで、天動説から地動説への転換をしないと、頭が近代化しないというか、大人の頭になりません。天動説から地動説への大転換が迫られる日が、人生において、最低二度はきます。

最初の時期が、幼児から児童への転換期で、それまでなんでも思い通りのことをさせてもらっていた子供が、これからはなんでも思い通りにさせてもらえないのだということを親から体をもって教え込まれる、最初のきびしいしつけの時期です。よく道端で泣き叫んだり手足をバタつかせたりしてダダをこねまくって母親を困らせる子供がいますね。ああいう子供を見ると、「ああ、やってる、やってる」と思って、「お母さんがんばれ」と言いたくなりますが、あれと似たような日が、どんな人にも、青年前期、つまり二十歳ごろの時期にもう一度やってくるものです。

その結果、今の日本ではとんでもなく困った事態が起きています。というのも、青年前期から青年期に足を踏み出そうとするときに、自分の未来がかねてから思い描いていたようなものになりそうもないと気付いたがために、挫折感と内的欲求不満の嵐に襲われ、せっかく青年期まで育てたはずの自我を崩壊させて、精神を再び幼稚化させてしまう人々が出現してきているのです。道端にひっくり返って泣き叫び、両足をバタつかせる子供と同じように、欲求不満を爆発させる——現象的には一挙にドカンという大爆発ができないために、じめじめと陰にこもったかたちで長期持続型の連続爆発が続くだけの、どうしようもない青年たちの出現です。

それは、基本的には、自分の思い描いていたような未来を実現するために必要なリソースが自分に不足していることから生まれてくる欲求不満です。その不足しているリソースが、資金か、チャンスか、時間か、それとも才能ないし能力なのか。パーソナリティの弱さか、自分を支えてくれる人間関係の不足か、あるいは神様や運命の支援か……理由はさまざまでしょうが、ひたすら続く欲求不満です。

その理由の見出し方と責任追及の矛先の向け方によって、フラストレーションの大きさも質も違ったものになっていますが、いずれにしても、そういうフラストレーションにひしがれた若者たちが大量に現代日本に現れています。こういう場合、自らの置かれた客観的状態に自分を納得させて合わせることができるかできないかで、その後の人生は大きく変わってきます。納得できず自己調整もできないと、ひきこもり現象など、精神的不適応現象を起こして、それを深刻化させるばかりです。不適応が気分の領域から病気の領域まで入り込んでしまうと、少々厄介な事態が発生します。

万一そうなってしまった場合、何か適切なアドバイスがあるかと言ったら、ありません。みんなそういう関門を通り抜けて大人になったんだと言うほかありません。自分の望みと現実の間の齟齬《そご》は、すべての人間が人生のどこかで経験し、かつ乗り越えてきたことです。多少アドバイスめいたことを言うとすれば、とりあえず時間をかけて切り抜けろと言うぐらいしかありません。時間をかけて肉体的行動を伴う気晴らしをするのが一番です。

要するにそれは脳が神経症的に何かにトラップされた状態にあるということですから、脳にそのトラップから脱出できるきっかけを与える必要があります。脳が行っている働きの半分は、自分の肉体を管理することです。だから何らかの肉体的行動をする、あるいは、肉体各部にある入力センサーに一定の強い刺激を加える（手っ取り早くやるなら、風呂に入る。シャワーを浴びる。プールに入るなどが薦められる）と、たちまち脳のスイッチの入り方が変化して、違うことを考えられるようになるはずです。

結局「しょうがないことはしょうがないよな」と自分に言い聞かせて、諦めるしかありません。人間、諦めなければならないことはいつでも山のようにあるものです。僕にもたくさんありました。諦められないことを諦めるためのテクニックのひとつは、〝負け惜しみ〟です。

『すっぱい葡萄《ぶどう》』[23]ではありませんが、負け惜しみのタネは探せばたくさん転がっているものです。そして、面白いことに、人間の脳は、負け惜しみのロジックを見つけることにたいへん長けている器官です。脳に自由につぶやかせれば、たいていうまい理屈を考えてくれます。脳に勝手にツイッターをやらせろということです。

［第一章　注］（当時の立花ゼミ生が作成。新書化にあたり一部加筆修正。以下同）

1　駒場祭

例年十一月下旬に東大駒場キャンパスで開催される大学祭。学業活動の展示から模擬店・サークル活動の発表まで、さまざまな催し物が繰り広げられる。しかし立花氏には「ZOO《ズー》」（動物園、つまり程度の低いバカ騒ぎ）にしか見えないという。二〇〇九年度の駒場祭で立花ゼミが企画した「二十歳の君へ」というイベントが本書出版の発端となった。

2　オウム真理教

一九八四年に始まった新興宗教団体。九四年の松本、翌年の東京で猛毒の神経ガス、サリンをつかったテロを遂行。信徒数はピーク時に一万五千を数え、その幹部には東京大学をはじめ高学歴の者や弁護士や公認会計士などの資格を持つものが多かった。

3　人工透析

腎臓機能が低下すると、通常排泄されるはずの尿素などの老廃物が血中に残り、尿毒症となる。そうした老廃物や毒素を体内から除去するために、ダイアライザーという体外にある機械（人工腎臓）で濾過する治療が、人工透析である。週三回、一回につき四時間の拘束を要する。

4　安保闘争

一九六〇年に、いわゆる新日米安保条約（日本国とアメリカ合衆国との間の相互協力及び安全保障条約）が締結された。米軍への用地提供に加え、「在日米軍が攻撃を受けた際に自衛隊も共同防衛にあたる」という取り決めがなされ、戦後の嫌戦感の中で、学生をはじめとする市民の大規模な反対運動を招いた。

5　樺美智子（一九三七―一九六〇）

東大の女子学生。二十歳の誕生日に共産党に入党、共産主義者同盟（ブント）のメンバーとして安保闘争に参加していた。一九六〇年六月十五日のデモで全学連主流派が国会に突入した際、警官隊と衝突して死亡した。

6　三島由紀夫（一九二五―一九七〇）

小説家。代表作に『潮騒』『金閣寺』など。右翼的な思想を有し、民兵組織である「楯の会」を組織。一九七〇年十一月二十五日、そのうちの四名を率いて自衛隊市ヶ谷駐屯地の総監室を占拠し、バルコニーから自衛官に対して決起を促す演説を行う。戦後日本への憂国と自衛隊の国軍化を叫び、「諸君は武士だろう。武士ならば、自分を否定する憲法を、どうして守るんだ」と呼びかけるも、野次と嘲笑を浴びる。その後、総監室で切腹。ノーベル賞候補とも謳われた天才作家によるクーデター未遂と割腹自殺は社会に大きな衝撃を与えた。

7　東大全共闘の学生と対決

一九六九年五月十三日に行われた、東大全共闘対三島の討論会。映像資料も残っている。かねてより東大全共闘を批判していた三島に対し、全共闘側が直接対決を挑んだというかたち。会場となった東大駒場キャンパス九〇〇番講堂は聴衆たる学生でいっぱいになったが、議論自体は抽象的なものにとどまった。この時の三島の「もし君らが、『天皇陛下万歳』と叫んでくれたら、共に戦う事ができたのに、言ってくれないから、互いに『殺す殺す』と言っているだけさ」という発言に、彼の立ち位置が端的に表れている。

8 『日本共産党の研究』

一九七八年、講談社刊。一九七六―七七年に月刊『文藝春秋』誌上で連載された同名記事を書籍化したもの。戦前、非合法下で活動していた日本共産党がどのように弾圧され崩壊したかという実態を調査し、かつ連載当時の共産党の体制を批判的に考察したノンフィクションで、連載当時から日本共産党による反論が大々的に行われた。

9 特高組織

特別高等警察のこと。戦前の日本で、主要な道府県警察に置かれ、内務省から直接指揮を受けていた特別組織。当初は治安維持法下で反体制的と見なされた共産主義者を取り締まるのを主な任務としていたが、次第に自由主義者や民主主義者など、戦時体制に協力的でない思想や人物を広く弾圧するようになった。戦後、ＧＨＱの指令により廃止。

10 ＧＤＰ

国内総生産。一年間に国内で新たに生産された財やサービスの金額の合計。これから物価の変動による影響を除いたものを実質ＧＤＰと言う。前年と比較した際の伸び率が経済成長の程度を示す。日本の二〇〇九年の実質ＧＤＰは五百二十五兆円（前年比マイナス一・八パーセント）であった。

11 『田中角栄研究』

一九七六年、講談社刊。立花氏が、一九七四年に月刊『文藝春秋』十一月号誌上にて掲載した同名の記事に加え、同時期に他誌で掲載していた複数の田中角栄関連の記事をまとめ上げたノンフィクション作品。『文藝春秋』での『田中角栄研究』掲載の結果、当時の田中角栄内閣は総辞職に追い込まれた。

12 ルネ・デカルト（一五九六―一六五〇）

フランスの哲学者・数学者。『方法序説』を著した。人間の理性によって真理を探求するための哲学的方法を確立しようとした。「確実な真理を得るため、あえて全てを疑ってみる」という方法的懐疑と、その結論としての「我思う、ゆえに我あり」の命題で有名。

13 脳波

脳の内部の電気信号のこと。これをとることでどの部位が活発に活動しているかが分かる。ヒトや動物の脳は、ニューロン（神経細胞）とそれの補助をする細胞が集まってできている。ニューロンは、両端のほつれた紐のような形をしていて、片方から他の細胞の信号を受け取り、もう片方から次へ発信している。神経の繋ぎ目はシナプスと呼ばれ、神経伝達物質（アドレナリンなど）を発射してやり取りしている。紐に当たる部分は軸索と呼ばれ、この中では電気信号が情報を伝えている。

14　可塑性

力でもって変形させた後、その力を取り去っても形が元に戻らない性質。つまりここでは「頑固でない」「柔軟だ」ということ。ちなみにプラスチック（plastics）は熱や圧力に対して可塑性を持つ高分子物質全般を指す言葉である。

15　ボーン・シリーズ

『ボーン・アイデンティティー』（二〇〇二）『ボーン・スプレマシー』（二〇〇四）『ボーン・アルティメイタム』（二〇〇七）。原作はアメリカの小説家ロバート・ラドラムの「ジェイソン・ボーン」三部作。

16　プロレタリア階級

プロレタリアート。資本主義社会における賃金労働者階級のこと。ブルジョワジー（資本家＝雇用者階級）に対する概念。マルクス主義に基づく階級闘争史観においては、被支配者階級として階級闘争打破の担い手と見なされ、資本主義社会から共産主義社会への移行期におけるプロレタリアによる政治的独裁が指向された。

17　ナチズム

ヒトラーは、印欧系語族の共通祖先がアーリア人であるとする学説に基づき、ドイツ人をその純血を引く民族として権威付けした。『我が闘争』の中で、ヒトラーはアーリア人を「人類のプロメテウス」と評して現代文化の創造主と讃え、その人種の純粋維持に努めていくことを宣言した。この中で、アーリア人の対照としてユダヤ人を狡猾で自己中心的な民族であると決めつけ、排斥に向かっていく。

18　ユダヤ民族の特別な歴史的使命

　パレスチナはユダヤ人が神に約束された土地であるから、その地に他民族を排してもユダヤ民族国家を建国すべきという極端なユダヤ人至上主義のこと。旧約聖書ではカナン（現パレスチナ）は、神ヤハウェがイスラエル民族の祖先であるアブラハムと、その子孫のために約束した土地であるとしている。

19　マニフェスト・デスティニー

「明白な天命」などと訳される。元はアメリカ合衆国が、大陸西部いわゆるフロンティアを侵略していく建前として、未開拓地域を〝文明化〟する際のスローガンだった。後に、米西戦争などの帝国主義的な領土拡大を正当化するのにも使われた。ここではアフガン、イラクなど多くの戦争を起こしているアメリカ民主主義の正当化として使われている。

20　ネオコン

　ネオコンとはneoconservatismの略であり、新保守主義と和訳されている政治思想のひとつで、特にアメリカ合衆国におけるものを指して使われる。ネオコンの理想とは、人類共通の価値である民主主義、自由主義、人権意識を世界に普及させる、というものであり、そのために軍事的、経済的な実力の行使による政治的な介入も辞さない。

21　大東亜共栄圏

太平洋戦争中、日本の中国・東南アジアに対する侵略戦を正当化するために掲げられた発想。東アジアの欧米支配を排し、日本、中国、満州、東南アジアをひとつの経済的・政治的共同体に置き、日本中心の共存共栄の大東亜新秩序の構築を目指すことを説いた。

22　ショーヴィニスト

愛国排外主義。外国人や外国製品、思想などを排除しようとする主義主張。特に長期不況や不安定な政治に対する不満のはけ口として、外国人移民に向かうことが多い。ナポレオンに忠義を尽くしたとされる兵士ニコラ・ショーヴァンに由来する。

23　『すっぱい葡萄』

イソップ寓話のひとつ。高い樹になった葡萄になかなか手が届かず、諦めたキツネが言う。「どうせあの葡萄はすっぱいに違いない、誰が食べるものか」。手に入れたいのに手の届かないものがあるとき、それを価値のないものと決め付けることで開き直り、気持ちにケリをつけてしまうときに、しばしば引き合いに出されるエピソードである。ちなみに「負け惜しみ」の英訳は sour grapes となる。

第二章 「死」

「死ぬのは怖くないですか?」

人の死についての話に戻りましょうか。

僕は結構若いころから、人の死についてあれこれ考えるほうでした。文春を辞める前後に、『諸君!』という雑誌で、人の死そのものを取り上げる企画をしたことがあります。具体的には「死ぬのは怖くないですか?」という質問を、当時東大の倫理学主任だった小《お》倉志祥《ぐらゆきよし》[1]教授とか高名なお坊さんとかに直接ぶつけていったんです。小倉さんは「そりゃ怖いですよ。学生時代からそれが怖いから倫理学の世界に入っていったんであって……」といった話をしてくれました。それを聞いて、そうか、小倉先生も死がそんなに怖かったんだと安心したのを覚えています。

そもそもそういう企画を立てたのは、僕自身が死を恐れていたからであって、死の恐怖なんか超越していると思われる人に、それを乗り越える秘訣を聞いてやろうくらいに考えていたんですね。しかし実際は小倉先生も死の恐怖を超越した人ではなかったわけです。

思い返すと、あのころは、死をテーマに話すことも聞くことも一般社会ではタブー視されていました。そういうテーマでインタビューすること自体がタブー破りですから、緊張感でいっぱいになりながら、勇気をふりしぼって質問し続けるという感じでやったのを覚えています。しかし、実際にやってみると、意外に皆さん熱を入れて真剣に死について語ってくれたので面白いページができたと記憶しています。

終わったあとで、死について語ることがタブー視されているそれまでの風潮のほうがおかしいと思うようになり、それから積極的に死を正面から論じる一連の仕事（『脳死』『臨死体験』など）を活字とテレビとをまたにかけてやっていくようになったわけです。

しかし「臨死体験」という長いTV番組を作り、それを元にして分厚い二冊の『臨死体験[2]』を書いて以来、死の恐怖についての僕の関心は急速に薄まっていきました。取材のために、アメリカ、ヨーロッパ、インド……と世界をほとんど一周する中で、「そもそも人間の肉体と精神の基本構造は、死に対してそれほど超えがたいバリアを張っているわけではないんだ」と感じるようになったのです。

若いころは、人間の精神も肉体も、死をのりこえられるようには作られていないと思っていました。死が本当に目の前に迫ってきたら、しかも死が自分の目を真正面からのぞきこんで、その視線をピクリとも外そうとしないというようなシチュエーションに追い込まれたら、そして死の手が自分の喉首をつかんで絞めにかかり、息が詰まりかかるというような事態を迎えたら、恐怖のあまり人間の精神は崩壊し、発狂するかそれに近い事態を迎えるに違いないと思っていました。肉体も恐怖のあまり、失禁してしまうなどの崩壊現象を起こすのではないかと思っていました。

しかし現実には、人間の精神も肉体も、目の前に死が迫ったところで崩壊するようなことは起きない、ということが、まさに死を目前にしている人々を直接取材することによって分かってきたのです。僕は臨死体験の前にも脳死[3]問題を扱う大番組を作ったことがあります。その取材過程でいろんな人に会いました。ホスピスで、もうあと数日で死ぬことがはっきりしているような患者に会って死の恐怖について直接聞いたりしたこともあったのですが、そのときも同じようなことを感じました。

会って話を聞くまでは、頭の中は不安でいっぱいでした。今にも死にそうな人を前にして、いったい、何をどう聞けばいいのか。自分はまともなインタビューができるのだろうか。患者はどう答えてくれるのだろう。何を聞いても、その人を傷つけてしまいそうな気がする。当然その人が、今まさに迫りつつある目の前の自分の死についてどう考えているかを聞かなければならないわけですが、それをどう切り出せばいいのか。心は千々に乱れるばかりでした。

しかし、案ずるよりは産むが易しで、実際にインタビューが始まってしまうと、心配したことは何も起こらず、患者さんが率直に心を開いて、いろんなことを語ってくれました。患者さんのほうも自分の気持ちを誰かに語りたかったのでしょう。その患者さんは、それからしばらくして本当に亡くなったのですが、後に、遺族から、本人もあのインタビューで自分の気持ちを語れたことをとても喜んでいたということを伝えられて、安心しました。

あの番組は、ホスピスにいる、自分が近いうちに死ぬと分かっている人がＴＶのインタビューに応じて心の内を語るという、極めて珍しい、おそらく日本で最初のケースになったと思います。もっとも、欧米ではずっと前からそのような試みが行われていました。

シカゴ大学のエリザベス・キューブラー＝ロス[4]は、そのようなインタビューを公の場で行った最初の人です。その一部始終は、一九六九年に出版された『死ぬ瞬間』に詳しく書かれています。彼女はこれを、医学部の学生に対する公開授業として行いました。それまで、死を前にした患者に、自分の死について何を思い、何を感じているかを問いただしてみよう、などと本気で考え、しかも実践してのける人なんて誰もいませんでしたから、この本が出版されるとすぐに世界中で大評判をとり、大ベストセラーになりました。

僕も、この本が出たときは、そのコンセプトに大きなショックを受けて、すぐ買ってむさぼり読んだ記憶があります。彼女はたくさんの患者とのインタビューを通じて、人は自分の死が不可避だと分かったとき、まず示すのは「心理的ショック」であり、次に「否定（〝そんなことはないだろう〟）」に変わり、それから「怒り（〝なぜ自分が死ななければならないのか〟）」になる。それに次いで「（死の到達を少しでも引きのばすための）神あるいは運命との心理的取引」になり、次いで、それがダメと分かると「抑鬱状態」に落ち込む。それがしばらく続いたあとでやっと死を受け入れる心境になる「受容」の時期が来ると分析しています。

この本を先に読んでいたから、僕もあのホスピスでのインタビューができたのだと思います。その患者さんが自分の心境を語るTVインタビューをOKしてくれたこと自体、既にその人が自分の死の「受容」の段階に達しているということを示していたわけですから。

エリザベス・キューブラー＝ロスについて、『臨死体験』の番組を作りにアメリカへ取材に行ったとき、既にリタイアして中西部の田舎で小さな農場を買ってひとり暮らしをしていた彼女を訪問して、長時間インタビューをしたことがあります。そのときはじめて知ったのですが、彼女は、医者であるにもかかわらず、死後の世界の存在とか、超常現象としての臨死体験を信じている人だったのです。

臨死体験がそもそも何であるかを巡っては、今なお多くの対立する見解があって、論争が続いています。死後の世界があって、臨死体験は死にかけて死後の世界を垣間見た人による体験レポートであると考える人もいれば、臨死体験などというものは、死にかけた人が見る幻覚体験に過ぎないと考える人もいます。キューブラー＝ロスは、前者だったわけです。死にゆく人々に彼女があれほど気易くインタビューできたのも彼女がそういうマインドの持ち主だったからかもしれません。

昔、日本で『人は死ねばゴミになる』[5]という本を書いた伊藤栄樹《しげき》という元検事総長がいました。唯物論者ならそう言わざるを得ないのですが、何らかの宗教心を持つ人の多くは「人は死んでも死なない」と考えています。すなわち何らかの意味で死後の世界（アフターライフ）があって、人は死んだらそちらに移って生き続けると考えるわけです。もちろんそこがどのような世界であるかを巡っては宗教間でかなりイメージの違いがあるようですが、僕の母にしても、キューブラー＝ロスにしても、とにかくそちらのほうに属するわけです。日本人一般も、どちらかというと、お盆の迎え火と送り火[6]の風習が意味するところ、後者に属するようです。

しかし、一方でキューブラー＝ロスは、科学的世界観を持つ人々の間では、死後の世界の存在が必ずしも信じられていないということを知っていますから、「だから私は自分の死が楽しみなのよ。どちらが本当なのか、自分で確かめられるわけですから」と面白そうに言ってクックッと笑っていました。彼女は本気でそう思っているようでした。

アメリカは基本的に宗教国家ですから、たとえ科学者や医者であろうと、神の存在や、死後の世界の存在などを信じている人が少なくありません。臨死体験の受け取り方にしても、キューブラー＝ロスのように死後の世界の存在証明のように受け取る人が少なくありません。

しかし、僕のほうは、あの番組の取材を通じて、むしろ、臨死体験こそ死後の世界の存在を否定するものだと考えるようになりました。『臨死体験』にも書いたのですが、しかし、だからといって死に対する恐怖心が増したかというとまったく逆で、むしろあの取材を通じて死に対する恐怖がなくなっていったと言えると思います。

つまり、死の最後の一瞬を人間に飛び越えやすくするものとして、臨死体験を構成する諸現象を自然に体験するメカニズムが人間の生得の心理・生理機構の一環として組み込まれているのではないか、と考えるに至ったということです。具体的には、光の体験とか、トンネル体験、パノラマ体験、心地良い高揚感、お花畑体験とか体外離脱[7]（out of the body）体験などです。

　誰もがいずれ確実に死を迎えます。死にもいろんな状況があるので一口には言えませんが、しかし例えばサルトル[8]やボーヴォワール[9]みたいな、あの時代の実存主義者たちが盛んに書いたほど、その問題を深刻に考えなくてもいいんじゃないかと思いますね。死もまた人間のひとつの日常です。その本質はフィジカルな事実問題なのであって、頭でっかちな人の頭の中にだけ存在するメタフィジカルな問題ではないということです。たしかに実存主義者が言うように、自分の死は自分で死んでみるまで分からないでしょう。

　しかし、だから何だと言うのですか。すべての人が死の寸前まで死についての妄想を膨らまし続けて、あらぬことをわめきちらしながら死を迎えるべきだとでも言うのですか。誰にだって死は日常的な事実問題として、来るときには来るのですから、そのときは淡々とその事実を受け入れればいいのだし、それに、死に際してそれほど苦しまないで済むような生理的な装置は、人間ひとりひとりに対してたぶんきちんとできているのだろうと思っています。

　僕が学生だったころ、実存主義者たちはしきりに人の死を最重要な問題として提示し続けました。人は死すべき具体的存在として、現にそこにあること、それが実存というもので、そこからすべての哲学的問題の考察は出発させなければならないというのが、実存主義の基本的な主張でした。自分は自殺すべきか否か、すべての哲学的問題は、ただこの一点に帰着するとまで言った人もいるくらいです。

　彼らの言うことを聞いていると、これはほとんど唯我主義のひとつの変形としか思えませんでした。唯我主義者にとって存在するのは「我」のみであって、我がなくなるのと同時に世界も消え去るはずです。しかし、唯我主義者は大昔から無数に死んでいるのに、この世は消滅もせず存在しています。これだけで唯我主義の基本的主張は崩れます。それと同様、実存主義者の主張も僕にはナンセンスに思えました。実存主義者が何万人死のうと、「すべて世はこともなし」なのです。昨日と同じように明日も明後日も世界は存在し続けるのです。

　その人の生死は、その人にとっては世界のすべての存続と同じくらいの重要性があるかもしれませんが、その人以外の人にとっては、極めて少数の個人的関係がある人以外、はっきり言ってどうでもいいことです。これが生死に関する根本的で初歩的な事実だと思います。僕は昔も今も、自分個人の生死などつまらぬ問題で、むしろ、我々の社会全体とか、この世界全体とか、宇宙全体とか、そういうものの運命のほうが、はるかに重要だと考えてきましたし、実際気にかかります。

僕には実存主義者というのは、そういう大問題に比較するとはるかにグレードの低い、つまらぬ問題に頭がとられてしまった心が貧しい人々に思えました。

僕が大学に入った一九五九年頃、キャンパスは実存主義の嵐でした。実存主義（existentialism）といっても、ヤスパース[10]、ハイデガー[11]のドイツ実存主義、キルケゴールのキリスト教的実存主義[12]などいろいろありますが、日本の大学で圧倒的な影響力を持っていたのはフランス実存主義で、サルトル、カミュ[13]、ボーヴォワールがその代表でした。しかし、それは哲学思想の流れとしての実存主義というよりは、五〇—六〇年のフランス文化全般における流行思想としての実存主義でした。あの時代、フランスの文学者も、映画人も、演劇人も、絵描きも、シャンソン歌手も、ファッションデザイナーも、フランス文化の最前線にいるクリエイターたちは、みんな多かれ少なかれ実存主義者だったのです。

それに輪をかけてかぶれたのが日本の実存主義者たちでした。彼らが、「主義者」であったかどうかはともかく、実存主義の流行にかぶれて、サルトル、カミュ、ボーヴォワールの著書を小脇に抱えて持ち歩き、彼らの著書や最近の実存主義風の映画で観た気が利いたセリフをときどき口走ってみせたり、あるいはパリの学生街で流行している実存主義者風ファッションに身を包んで歩いたりしていたわけです。

あのころは、別に文学好きでなくても、サルトル、カミュ、ボーヴォワールの一冊くらいは、どんな学生も読んでいたものです。読んでいないと、仲間の話の輪の中に入っていけなかった。「えっ、君は○○の××も読んでないのか！」と、「○○の××」を読んでない人間はクズみたいな感じで、友人に軽蔑の一発をかまされると、次には話の輪の中に入れてもらおうと、みんな必死で「○○の××」を読んだものです。○○はあるときはサルトルやカミュ、あるときはマルクス[14]、レーニン[15]になり、またあるときは吉本隆明[16]や埴谷《はにや》雄《ゆ》高《たか》[17]になったわけです。

同じような現象は、おそらく今でもあるでしょう。「○○の××」が入れ替わるだけで、その時代時代の流行の思想があり、流行の作家があり、それを知らないと恥をかく「○○の××」があるわけです。

駒場のようなところでは、学生は内心コンプレックスのかたまりのようなところがあるので、「えっ、君は○○の××も知らないのか？」という人をバカにしきった口調に弱いのです。パーソナリティが強い人なら、「えっ、○○の××？　そんなもの古いですよ。

今は△△の□□ですよ！」とハッタリで切り返せるところ、パーソナリティが弱い人は、すぐ相手のハッタリ口調に負けて、相手の提出するアジェンダに引っ張りまわされてしまうわけです。相手の並べる必読文献や必読思想に振り回されて、右往左往してしまう。ハッタリばかりを噛ませる自信過剰人間も困ったものですが、すぐに人の顔色をうかがうコンプレックス過剰人間も問題です。

僕は学生時代から今に至るまで、頭の中に自分で考えるべきアジェンダがいっぱい詰まっているタイプの人間でしたから、他人にあまり鼻面を摑んで引きずり回されるということがありませんでした。死の問題に関しても、自分の死の恐怖というのは、若いときはかなりあったのでしょうが、人間の死後の世界はどうなるんだろうといったことで頭をいっぱいにするなんてことはとっくになくなっています。死はほぼこれまでの経験から想定される範囲の出来事として始まり、そして終わるのだろうと思っています。

泥酔パルシー

そもそも僕が病院通いをするようになったきっかけについて話すと、それは、東大でゼミを始めた三年目の時期でした。あのころは今から考えても想像できないくらい過重な仕事をしていました。月刊誌に毎月数本、週刊誌に毎週一本記事を書いていたし、加えて大学の授業が毎週一コマあったわけです。そうするとほとんど毎日締め切りに追われる上、学生と酒を飲む機会も相当あって私生活もめちゃくちゃで、体がガタガタになっているという自覚がありました。

そんな中あるとき突然、胸郭部にそれまで経験したことのないほどの痛みが走って、ベッドで横になっても、寝返りひとつ打てないような状態に陥りました。「これは何か異常なことが起きたに違いない」と感じ、医学部に進学したゼミ生がそのときたまたま来たので症状を話すと「先生、これはやばいよ」と言ってタクシーを拾ってきてくれたのです。そのまま東大病院に行きました。

そこでまず血圧を測っていたら、医者が非常に緊張した顔をして、「立ってないで今すぐ横になりなさい」と命令口調で言いました。後で聞いたところによると、血圧が二〇〇をはるかに超えていて[18]、そのほかの診断情報とあわせて、これは大動脈破裂の前兆ではないかと疑ったようです。すぐにベッドに脚がついた患者運搬車を持ってきて、そこに横にさせられました。少しでも心臓の負荷を下げるためです。そのままあちこちの検査室にまわされて、検査に次ぐ検査でした。最初に撮った脊椎部のX線写真では、大動脈に石灰が沈着した様子が白く映し出されていて、「動脈硬化[19]がかなり進んでます」と宣告されました。心配された大動脈破裂の可能性はまだないということで、その点は安心しましたが。

ただ、検査をすればするほどいろんな問題が見つかり、「全身成人病の巣と言っていい状態」と診断されて、それ以来月一回の病院通いが今でも続いているわけです。検査の結果、がんの発見、大腸ポリープの発見、心臓冠動脈の狭窄《きょうさく》発見など、手術に至ったことも何度かありますが、そうやって何か見つかるたびに適切な処置をしていますので、意外に長生きするかもしれないと自分では思っています。

でも一方、父親、母親ともに九十代まで生きるところを見てくると、あそこまで生きるのも考えものだなと思います。人間あまりに長生きすると、心身ともにいろんな劣化現象が始まりますから、あまり見苦しいことが起きないうちに天命がきてくれたほうがありがたいですね。

胸の痛みに話を戻すと、一カ月半ぐらい東大病院に入院して、あらゆる科で検査をしてもらったのですが、なかなか原因が判明しませんでした。最後に回された整形外科でようやく診断が出て、「おそらく体内で何らかの筋肉が異常なひきつりを起こして生じた痛みだろう」と言われたんです。「なんか藪医者めいた診断だな」と思ってそのときは信用しませんでした（笑）。

しかし、退院してから一カ月後にまた同じような強い痛みが体内を走りました。実はそのころの僕は、ベッドで横になってちゃんと寝るという生活をしていなかったんです。最初の痛みが走ったころも、割と徹夜仕事が続いていて、時間がないときには机の上に突っ伏してちょっとだけ仮眠をとるというようなことをしていました。よくやったのは、椅子に座ったまま机の上に足を上げて非常に不安定な格好で寝る、というやつです。そうすると何かが起きれば「ガタン！」となって必ず起きますし、あまり深く眠らずに済む……そういうことが、エジソン[20]の伝記に書いてあったので真似したんです（笑）。

しかしその体勢では確かに身体が妙にひきつった格好で寝入ってしまうことになる。それで同じ痛みが起きたわけだから、「あの整形外科医の言ったことは嘘ではなかった」と気がつきました。今は本当にあれが原因だったんだろうと納得していますし、それ以後は普通にベッドの上で寝るようにしていますから、妙な痛みも起こらなくなりました。

ついでに言っておくと、よく神経内科の世界で「サタデーナイト・パルシー」[21]、土曜日の夜の麻痺、と呼ばれる現象があるのを知ってますか？　若いときは、酒を飲んで乱痴気騒ぎをしてそのまま家に帰るとだいたい女と一緒に寝ますよね（笑）。しかも女が男の腕に頭を乗せて寝る。女も酔っているから、急に眠りが深くなって頭がガクンと重くなるけれども、「女を起こすのはかわいそうだ」と思ってそのまま寝かしといてやるでしょう。

あれをやると、翌朝目が覚めたとき、腕に麻痺が起きて手や指が動かなくなっている。腕の神経の局部に強い圧迫を加えたまま一晩過ごすとそういうことが起こるんです。女が男の腕に頭を乗せて寝ると、ちょうど橈骨《とうこつ》[22]神経のところに頭がくるのです。そういう妙な神経麻痺は、しばしば土曜日の晩に起こるというので「サタデーナイト・パルシー」。これが僕にも何度か起きてるんです。別に女がいたわけじゃないですよ（笑）。

人間は必ず夜中に何度も寝返りを打ちますから、普通に寝ていたら腕が一晩中固定されているという状態はありえませんし、ゆえに、そういう麻痺も起こりません。僕にそれが起きたのは、ベッドから転げ落ちるくらいの泥酔状態で寝込んでしまい、そのまま眠りこけてしまったからなんです。腕を妙なかたちに折り敷いて、その上に自分の体を乗せたまま寝込んでしまった（笑）。自分の全体重でもって、自分の腕を動きがとれない状態に固定して眠り込んでしまったのです。

そういうこともやっぱり土曜の夜の泥酔で起こりがちなのでサタデーナイト・パルシー

と呼ばれます。女がいない、ひとり寝で起きるサタデーナイト・パルシーです。そういう現象があるとは知らなかったので、手が動かないという神経麻痺の症状が起きたとき、僕はてっきり、これは脳に何か異変が起きたに違いないと思って、東大の救急外来に行きました。脳梗塞など中枢[23]の異変で起きた末梢[23]の麻痺だろうと自分で判断して、これは一刻も早く手当てする必要があると思ったのです。そういう判断をして、自分の足で歩いていったのですから、考えてみると中枢はちゃんとしていたわけですが（笑）。

　しかし、中枢の異変で起こる局部の運動神経麻痺もよくありますから、まあ、悪くない判断だったと思います。このときも、まず脳のＣＴ[24]などを撮った上で、いろんな検査を受け、結局サタデーナイト・パルシーだという診断を下されました。やっぱり初めはあんまり信用しなかったんですが、後でいろいろ調べてみると、医者の言うことがほぼ正しかったですね。

　でも診察を受けている間は、とうとう中枢がやられたかという不安がありました。しかし、まず脳のＣＴを撮ると、脳出血ないし、脳梗塞のような大きな病変はないとすぐに分かったので、まずはひと安心。では何が起こったのか。いろんな神経学的な検査が延々と続きました。脳機能がすべて正常に機能しているか、次々にチェックしていきます。それがひととおり終わると、次は末梢神経の検査でいろんなことをやらされます。下半身は歩行がちゃんとできれば基本的にはＯＫなので、そうか、人間の定義は「二足歩行ができて羽がない動物」だという意味がよく分かりました。

上半身は、腕、手、手首、指がちゃんと動くかどうか、力を出せるかどうか、触られたときにその感覚があるかどうかを丹念に、運動神経と感覚神経の両面から組織的に調べていきます。人間の手指は、いかなる動物も真似できないほど自由自在に動きます。それは、一本一本の指に、屈筋と伸筋、外転筋と内転筋がついていて、前者が指の曲げ伸ばしを、後者が左右回転を可能にしているからです。

さらに、手首のところで掌《てのひら》全体の屈伸と右回転左回転ができ、またさらに腕の筋肉が独立にその手全体の屈伸と左右回転を行い、さらに肩の関節で腕全体のふりまわしを自由自在に行うので、全部をかけ合わせると二百五十六通りの自由度が実現できます。そうなると、本当に手指は自由自在に動かせるわけで、それをもって人間が何をやっているのかといえば、日常生活の細かな動作はもちろんですが、人間の文化文明の産物はすべて基本的には、この手の自由度がもたらしたものなんですね。

人間が動物と区別される最大のポイントは、人間が手を動かしてモノを、なかんずく道具を作れるところにあります。ヒトは、様々な道具を発明し、さらにはそれを用いて、おそるべく多種多様なものを作り出してきました。ヒト以外の動物の道具使用の実例というと、せいぜいチンパンジーが石で堅い木の実を割ったとか、細い草をアリの穴に差し込んでアリをつり出したとかいった程度の例しかありません。ベルクソンが、ヒトはホモ・サピエンス[25]（知恵あるヒト族）であるとともにホモ・ファーベル[26]（作るヒト族）でもあり、そちらのほうにヒトのヒトたる特質がよくあらわれていると言いましたが、そのとおりだと思います。

ヒトが作った最初の道具は石器で、さらに旧石器、中石器、新石器と分かれます。旧石器は原人の時代で百万年から数十万年前、中石器は三十万年くらい昔のもので、作ったのは旧人と呼ばれるネアンデルタール人[27]です。新石器は三万年くらい前に出現した新人と呼ばれるクロマニヨン人の手によるもので、我々現代人は全員がクロマニヨン人の系列です。

原人、旧人、新人の間には、明らかな脳の進化の差があり、それが、石器の質の差、つまり石器の刃の長さに現れています。五〇〇グラムの自然石を原料として作ることができた石器の刃の総延長がどれくらいだったかというと、原人にできたのは自然石を打ち欠いて偶然にできた刃を利用しただけだったので、せいぜい二〇センチくらい。ところがネアンデルタール人になると、石器を作ろうという明確な意識を持ち、より堅いものを用いて石を数十回から百回も叩いて、いろんな刃を持つ用途が異なる多様な石器を目的意識を持って作り出すようになったので、全長一メートル二七センチほどになりました。

クロマニヨン人になると精巧な方法を用いて薄い刃を持つ剝片《はくへん》石器や細石器を作り出すことができるようになったので、刃を全部合わせると、なんと一二メートルにも及ぶようになります。それを可能にしたのは全部手指の自由度のおかげです。

このような精巧な石器づくりは個人的な孤立した作業ではとても成せません。ひとりが石を押さえていてもうひとりがそれに手を加える、といった共同作業がどうしても必要です。共同作業をスムーズに行うためには言語の使用が必然です。この時代の石器作りが多数の共同作業として行われていたことは遺跡の調査からも明らかになっており、それゆえ立派な社会組織が既にできていたと考えられます。

実験考古学の世界では、石器作りの共同作業を再現してみるなどの試みが行われており、僕も少しだけ参加したことがあります。これは相当細かい手の動きと頭を必要とする作業であることが分かりますし、言葉なしでは絶対に不可能です。実際、発掘された新人の頭蓋骨には、言語領野発達の痕跡がはっきり残されています。

クロマニヨン人の脳は、我々の脳と基本的には変わらないと考えられています。容量も我々と同じ約一四〇〇ccです。猿人と言われたアウストラロピテクスの脳容量は約四五〇ccでした。原人は種類が多いのでばらつきがありますが、約八五〇ccでした。それと比べると、クロマニヨン人の脳がどれほど飛躍的に大きくなったかが分かるでしょう。人類の進化は脳の進化とパラレルですから、その急速に増大した脳を使ってクロマニヨン人は言語を獲得し、高度な石器を作り出し、弓を持ち、集団で狩猟を行うなど社会生活を営むようになったわけです。

昔、ペンフィールドという高名な脳科学者が描いた、人間の脳のどこがどのような機能を受け持っているかを示した「ホムンクルス[28]像型脳機能マッピング」(次ページ参照)というものがあります。脳の中に小人が住んでいるとして、脳の中で手足を動かす部位にホムンクルスの手足が描かれるようにするのです。すると一見して、手指の操作に驚くほど大きな脳の部位が割かれていることが分かります。手指をスムーズに動かすために、脳がこんなにも大奮闘しているのかと驚くでしょう。

もうひとつ脳が奮闘しているのは、口、喉、舌、唇、口蓋部など、言語をしゃべるために微妙なコントロールが必要となる部位の操作です。このホムンクルス像を見るだけで、

ホムンクルス像型脳機能マッピング

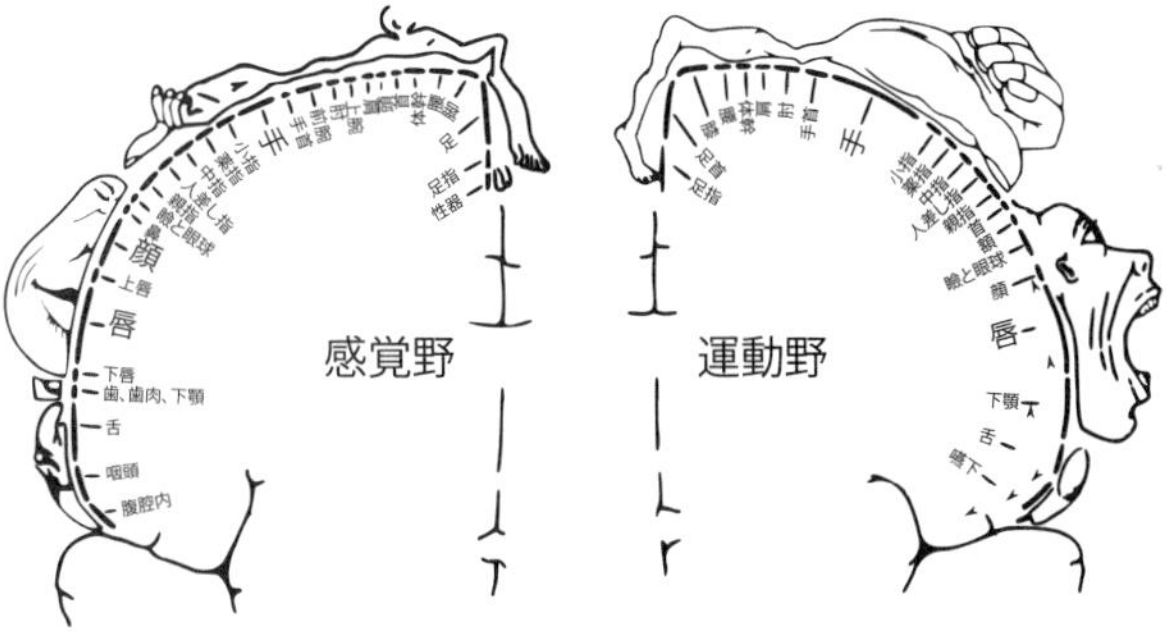

脳がやってる仕事のもっとも大きな部分が、手指を使うホモ・ファーベル的能力と、言葉を使ってコミュニケーション能力を発達させていくホモ・サピエンス的能力の部分に当たるのだということが分かるでしょう。

それで、サタデーナイト・パルシーが起きたあとは、驚くほど手指の能力が退化し、人間的で高等な手指の動作の一切ができなくなりました。まず、文字が一切書けません。文字が書けないだけでなく、コンピュータのキーボードも叩けません。ケータイもいじれません。身近な人にしゃべりかけること以外の知的アウトプットは何もできません。

高級なアウトプットだけではなく、日常何気なく行っていることが何もできなくなります。朝起きて、着替えもできません。ボタンの着脱ができないんです。歯も磨けません。朝食を食べようにも箸が持てないし、フォークもスプーンも持てません。靴もちゃんと履けないし、紐も結べません。扉のノブを回すのさえ一苦労です。電車に乗ろうにも、ポケットからパスが出せないし、コインも取り出せません。一切の日常行動がほとんど不可能になります。人間にとって、手指がこんなにも欠かせない機能を果たしているのかとびっくりしました。その間、自分が、進化史上で言うと原人以前、ほとんどサル並みのところまで退化してしまったという思いがしました。

　これは衝撃的な体験でした。医者は、これは中枢の障害ではなく末梢神経の障害だから治る、と言ったのですが、実感としてはとても信じられませんでした。これほどひどい麻痺が起きたということは、末梢と同時に中枢にも障害が起きて、不可逆の神経障害が脳にも発生したに違いないと疑ったのです。

　しかし、実際には本当に治ったのです。今はこのとおり、何の障害も残っていません。あれほどの麻痺が何の後遺症も残さず、こんなにきれいに治るとは、ほとんど嘘みたいですが、これが本当にゆっくりゆっくりと治っていったんです。「俗に一日一ミリと言われています」と、医者からあらかじめ知らされていましたが、そのとおり、ゆっくりと治癒過程が進行していきました。

歩くタンパク質、走る電気信号

なぜ一日一ミリなのかと医者に聞くと、要はこの神経が走っている神経管の中を流れる輸送タンパクのせいなんです。つまり、治るということは、麻痺してダメになった神経が再建されるということなんですが、その再建過程は、トランスポーター[29]と呼ばれる運搬役のタンパク質が運ぶ材料物質を積み上げるかたちで少しずつ行われます。そのトランスポーターが、ほぼ一日一ミリのスピードで動いているんですね。

しかも、嘘だと思うかもしれませんが、このトランスポーターは本当に二本足で歩いているかのように物質を背負って運んでいくんです。まるで漫画のイラストのようですが。今まさにあなたたちの体内でも刻一刻と、トランスポーターが何らかの分子素材を背負って動いているんです。

しかし、こういうことが分かったのは、実はたった数年前のことです。

発見したのは東大の解剖学の廣川信隆《ひろかわのぶたか》[30]先生でした。解剖学というと、君たちが想像するのは内臓をメスで切開してピンセットで何かをつまみ出すという光景でしょうが、それは大昔の解剖学です。最先端の解剖学では、例えば血管の管壁の内部がどうなっているか、とか、ニューロンの軸索[31]の中で何が起こっているのか、といったことを、分子レベルで直接観察しています。

どういう技術が使われているのかというと、なんと「瞬間冷凍」なんです。ある状態のニューロンを瞬間的に冷凍して、鋭利なナイフで軸索をスパッと切り開き、その断面を電子顕微鏡で覗く。そうすると、船の上でマグロを瞬間冷凍すればあとで刺身にしても鮮度が保たれるのと同じように、細胞が生きていた状態を観察できるんです。

ニューロンはマグロよりずっと小さいですから、冷凍機を使えば本当に瞬間的に冷凍できてしまう。そのサンプルを次々に作れば、体内の動きをまさに連続的に見ることができます。パラパラ漫画的にアニメを作るのと同じですね。

この運搬役をつとめているキネシンスーパーファミリータンパク質[32]（ＫＩＦ）の遺伝子が最初に同定されたのは一九八五年ですが、その後次々と同じファミリーに属する他のタンパク質をコードした遺伝子が発見されて、今では四十五種類もあることが分かっています。

しかもそれぞれのタンパクが運ぶ物質が違うらしいのです。これまでは、脳の研究というと、脳はコンピュータのように電気信号の回路で情報処理を行う集積体みたいに考えられていましたから、ニューロンの軸索上を流れる電気信号ばかりが注目されていました。脳波、あるいは、ニューロンが電気的に発火する際にスパイクと言われる電気信号の波形が確かに拾えるので、あとはそれが何を意味しているか、そのコード体系を解読すれば脳の謎は全部解けるみたいに考えられて、一時は脳研究が暗号の解読合戦をやっているかのようだった時期もあったのです。

その信号を解読すれば、あたかもコンピュータソフトの基本的な言語体系が読み解けたときのようにすべての意味がするすると読み解けるのではないかと考えられたのです。ちょうど、分子生物学の世界で、ＡＴＧＣのわずか四種類の塩基コードの解読で、すべての遺伝暗号が解読されてしまったのと似たような劇的な展開があるのではないかと考えられたわけです。

遺伝暗号の解読と、ヒトゲノム、さらにはあらゆる生物のゲノム解読によって、生物学の世界がバイオインフォマティクス[33]（生物学的情報科学）の世界に変貌してしまったように、脳内情報のやりとりのコードさえ解ければ、脳科学の世界も、インフォマティクスの世界になってしまうのではないかと考えられたのです。

しかし、現実には脳科学の世界はそのような方向には展開していかず、単なる情報の伝達よりもむしろ、ニューロンの軸索内部の具体的なケミカルな物質移動そのものが大きな意味を持つらしいということが、トランスポーターによる分子の運搬現象から見てとれるようになりました。

しかし、ここで大きな謎が生じます。一日一ミリという軸索流の速さは、脳内の日常的な情報の流れと比べて、あまりに遅すぎる。壊れたニューロンを修復するために必要な材料運びなら一日一ミリでもいいが、脳の日常的な情報の運搬は、それでは遅すぎるから別のシステムがあるはずだ――。

それはそのとおりで、ニューロンの軸索が伝える電気信号の流れは、もっとずっと速いということが分かっています。熱いものに手を触れて、あわてて手を離す。まぶしいものを見てパッと目を閉じる。いずれも、ミリ秒単位の反応で、信号は秒速数十メートルから一〇〇メートルで走ると考えられています。

これだけ速い信号の流れは、軸索流によって担われているわけではありません。ニューロンの軸索は実は裸のワイヤーのようになっていて、シュワン細胞という絶縁体によってグルグル巻きにされています。その被覆がところどころはがれおちて数ミリごとに切れ目ができています。

ニューロンが伝える電気信号はケーブルの芯の部分が連続的に伝えているのではありません。ワイヤーの外側の絶縁体の切れ目から次の切れ目にかけて、パルス状の波としてピョンピョンピョンと一気に駆け抜けていくのです。だから速いのです。

ニューロンが伝える信号は、軸索の外側をピョンピョン飛んで駆け抜ける電気信号と、軸索の中心部をトランスポーターが運ぶ物質流が合わさったものです。トランスポーターが運ぶ神経伝達物質は、ニューロン中央の核で作られ、ニューロン末端のシナプスのところまでゆっくり運ばれ、そこで、シナプス小胞と呼ばれる小さなバケツ状の組織の中に貯めこまれます。そこにパルス状の速い信号でゴーサインが届くと、貯まっていた神経伝達物質を、ドバッと一気にシナプス空間に放出するのです。それによってシナプスに神経伝達物質の橋がかけられ、スパイク電流が流れるという運びになります。これが、ひとつのシナプスで起きる信号伝達の素過程で、脳にはそのようなシナプスがいくつあるかというと、ゆうに一兆個はあると考えられています。

僕のサタデーナイト・パルシーで壊れた脳の神経細胞が回復していく過程は、このキネシンによる一日一ミリの物質流に依存していたわけです。だから、ゆっくりゆっくりではあるが、やがて再建が果たされると、回復不可能と思われていた深刻な神経麻痺が綺麗に治ってしまったわけです。あれは人間の肉体が持っている自己修復能力のすごさを身をもって味わうことができた貴重な体験だったと思っています。

とにかくこの軸索流という分子レベルの物質の流れが発見され、その延長上で、脳や神経の病気も分子レベルの物質流として解析され始めるなど、脳科学のパラダイムチェンジが起きていて、それは現在も進行中です。

廣川先生は数年前からノーベル賞[34]の候補に挙げられるようになってきました。今すぐとはいかないまでも、これからしばらくの間、有力候補のひとりであり続けるだろうと思われます。それくらい、脳科学の世界で、トランスポーターによる軸索流における物質流の発見が与えた衝撃が大きかったということです。

僕はこの先生が軸索流のキネシンの研究を始めたころから何度も取材してきましたので、この驚くべき発見の流れを詳しく知っているのです。廣川先生はアメリカ留学から帰国して東大の解剖の先生になられたころからすごかったんです。その前の解剖の先生が『バカの壁』で有名な養老孟司《ようろうたけし》[35]さんで、話は面白い人ですが、やってることは古くさい昔ながらの解剖だったから、若い研究者は誰も行かなかった。

けれど廣川先生が帰ってくると、いきなり世界最先端の分子レベルの解剖学になったから、若い研究者がドッと詰めかけて、それまで閑散としていた解剖学研究室が医学部でいちばん活気の溢れる研究室になったんです。ちなみに、先ほど話に挙がった「医学部に行ったゼミ生」も、廣川先生の研究室に進学しました。まあ彼は結局、その道には進まないで別のことをやっていますが。

……長くなるので思い出話はこの程度にして、先に進みましょうか。

［第二章　注］

1　小倉志祥（一九二一―一九九六）

哲学者。カントやヤスパースの研究に尽力。

2　『臨死体験』

立花隆の著書（一九九四・文藝春秋）。病気や事故などで死の淵をさまようと、死後の世界を見る体験をすることがあると言う。立花氏はこれを臨死体験と呼び、臨死体験者の証言を取材して大著にまとめた。

3　脳死

日本の定義では、脳全体の機能が失われ、回復不可能となった状態のことをいう。心臓は脳から独立した臓器であり、脳死状態でも脈はあるため、本来脳の制御下にある肺の機能を人工呼吸によって保てば生命活動は維持できる。脳幹の機能が残っていて人工呼吸器なしに呼吸をする植物状態とは区別される。一九九七年に臓器移植法が成立してから、臓器提供の意思を表示している個人の脳死は死として定義されている。とはいえ、判定の難しさやそもそも人の死の基準を脳に求めるのかなど、議論のある概念である。立花隆『脳死』（一九八六・中央公論社）に詳しい。

4　エリザベス・キューブラー＝ロス（一九二六―二〇〇四）

スイス生まれ、アメリカの精神科医。死生学（thanatology）の先駆者。余命いくばくかという状況にある重病患者たちとの対話を通し、人間が自らの死をはっきり意識しはじめてからどのような精神状態を辿るのかを観察・研究した。その成果をまとめた主著『死ぬ瞬間（原題“On Death and Dying”）』（一九七一・読売新聞社）シリーズは世界的ベストセラーに。邦訳は文庫化もされていて、分厚いわりには構成が簡潔で読みやすく、遠いようで近い「死」と真剣に向きあいたい人におすすめ。

5　『人は死ねばゴミになる』

伊藤栄樹の著書（一九八八・新潮社）。がん宣告を受けて余命わずかとされた著者が、自らの発症から死に至るまでを冷静に書きとめようと思い立って綴った記録。

6　お盆の迎え火と送り火

いずれも日本の宗教行事。迎え火とは、盆の入り（七月または八月十三日）の夕刻に、霊界から現世へ戻ってくる祖先の霊魂が家族の許へ迷わず戻れるようにと火を焚く風習のことである。一方、送り火とは、盆明け（七月または八月十六日）の夕刻に霊界へと帰る祖先の霊を送り出す風習のことである。共に現在では都市部では見ることが少なくなっているが、京都の五山の送り火（通称、大文字焼き）は現在でも健在である。

7　体外離脱

日本では、幽体離脱なる言葉を用いる人が多いが、それは「幽体」なるものの存在を前提としているので、日本以外では用いられていない。体外離脱という場合、何が体外に出たかについては中立的立場に立つ。現象として意識の座が体外に出るということ。

8 サルトル（一九〇五―一九八〇）
フランスの哲学者、小説家。無神論的実存主義哲学で有名。特に「人間は自由という刑に処せられている」という有名な言葉を残し、人間が生きていく上での自由と、その責任を説いた。主著として『存在と無』。自らの思想の下、政治活動も活発に行った。同時に作家としても著名であり、『嘔吐』などの小説も残している。

9 ボーヴォワール（一九〇八―一九八六）
フランスの哲学者、作家。主著『第二の性』において、女性性と男性性の違いを浮き彫りにし、歴史過程においてそれがどのように創造されていったかを説いた。「ひとは女に生まれるのではない。女になるのだ」という言葉が有名で、女性解放の活動も精力的に行った。また、サルトルの内縁の妻でもあり、サルトルの実存主義哲学の手法を用いた。

10 ヤスパース（一八八三―一九六九）
ドイツの思想家。世界を対象とする全体的科学的認識の限界を明らかにし、他者との関係性の中で永遠の超越者に向かって決断する、有神論的な実存哲学を説いた。ユダヤ人の妻を持ち、戦中はナチスに弾圧されたが、消極的な反抗しかできなかった自己を反省し、戦後は世界平和や核廃絶に傾倒した。

11　ハイデガー（一八八九―一九七六）

ドイツの思想家。一九二七年に『存在と時間』を著し、認識論が主流であった当時の思想界において存在論を復権させ、実存主義に影響を与えた。第二次大戦前からナチスに協力的であったことから戦後にその責任を問われて思想界から追放されるが、後に復帰する。

12　キルケゴールのキリスト教的実存主義

キルケゴール（一八一三―一八五五）はデンマークの思想家。彼の実存主義は、ヘーゲルの客観的抽象的な哲学体系を批判し、今ここを生きる実存としての自己が主体的に人生の中で見出すべき主体的真理を主張した。

13　カミュ（一九一三―一九六〇）

フランスの小説家、劇作家。『異邦人』『カリギュラ』など、人間存在の不条理さを描いた作品が評価され、一九五七年ノーベル文学賞受賞。文中で並列で述べられているサルトルとは一時期共同執筆を行ったが、後に決別。

14　マルクス（一八一八―一八八三）

ドイツの思想家、経済学者、革命家。ユダヤ人家庭に生まれ、大学でヘーゲル左派の影響を受ける。エンゲルスを盟友に持ち、一八四八年に『共産党宣言』、一八六七年以降に『資本論』を著す。弁証法的唯物論、剰余価値説、社会主義思想などを提唱し、それらを総称してマルクス主義と呼ぶ。これらの思想は十九―二十世紀の思想、政治、社会に大きな影響を与えた。

15　**レーニン**（一八七〇―一九二四）
ロシアの革命家、政治家。世界初の共産主義革命であるロシア革命の主導者であり、ソビエト連邦の初代指導者である。共産主義に関しマルクスの思想に独自の解釈を加え、その思想はマルクス・レーニン主義と呼ばれる。

16　**吉本隆明**（一九二四―二〇一二）
詩人、評論家。高村光太郎の文学論や、サブカルチャー、更に政治、社会、宗教など広範な領域を扱い、戦後最大の思想家とも評される。大学などの権威に属することなく、あくまで市井の人として評論活動を続けた。一九八〇年代には、同じく戦後思想の巨塔である埴谷雄高と、反核論争に端を発する「コム・デ・ギャルソン論争」を繰り広げた。

17　**埴谷雄高**（一九〇九―一九九七）
小説家、評論家。『死霊』が代表作。その思弁的な内容によって戦後世代の思想形成に大きな影響を与えた。政治や社会に関する発言も多い。２０２ページも参照。

18　**血圧が二〇〇をはるかに超えていて**
日本高血圧学会の「高血圧治療ガイドライン」（二〇〇九年版）によると、血圧の正常値は一三〇／八五（単位は水銀柱ミリメートル）とされており、二〇〇は重症高血圧に分類される。

19　**動脈硬化**
動脈の老化やコレステロールの沈着などが原因で血管が狭くなった状態。脳卒中や狭心症を引き起こす。

20　エジソン（一八四七―一九三一）

アメリカの発明家。蓄音機や白熱電球の実用化で有名。現在のＧＥ（ゼネラル・エレクトリック）の元となる会社を設立した。睡眠に関しては、本文で述べられている独特な寝方とともに、「過ぎたるはなお及ばざるが如し」と考え、普通の人の半分以下であったことが知られ、長時間睡眠者のアインシュタイン（１０３ページ）としばしば対比される。寝坊癖のある人は「私はアインシュタイン型だから」と弁明しておこう。

21　サタデーナイト・パルシー

一過性の橈骨神経麻痺の別称。同様の理由から他に「ハネムーン症候群」や「公園のベンチ麻痺」とも呼ばれる。ある意味、他人に自慢したい病名でもある。

22　橈骨

手首から肘の間の二本の骨のうち、親指側の骨のこと。また、小指側の骨を尺骨と言う。

23　中枢・末梢

それぞれ中枢神経系、末梢神経系のこと。中枢神経系は神経系の中で多くの神経が密集している脳や脊髄を指し、末梢神経系は中枢神経系から枝分かれして全身に張り巡らされている神経を指す。

24　CT

Computed Tomography の略。コンピュータ断層撮影の意で、人体にさまざまな角度からX線を当て、透過する際に吸収されるX線の量を調べることにより断面画像を得る技術。

25　ホモ・サピエンス

現生人類の学名。ラテン語で「知恵のあるヒト」の意。人間と動物との性質の違いについて知恵の側面を強調した言葉。

26　ホモ・ファーベル

シェーラーの造語で「工作するヒト」。人間と動物を分かつ性質として、道具を作ることに着目した。

27　ネアンデルタール人

主としてヨーロッパに棲んでいた旧人。一時は現在のヨーロッパ人の直接の祖先とも言われていたが、現在では否定され、全ての現生人類はクロマニヨン人の直接の子孫だという説が定着している。

28　ホムンクルス

もとは精子の中に収まった、成長して胎児になるとされた空想上の小人。ここでは、脳表面の五感のうち触覚の入力を受け取る領域と筋肉に動きを指示する領域に、対応する身体の部位を投影したものを指している。

29　トランスポーター

モータータンパク質の一種。代表的なものにキネシンやダイニンがある。カイワレ大根を逆さにしたような形をしている。双葉が足で、根に当たる部分に運搬する荷物をくっつけ、生命体のエネルギー通貨であるＡＴＰを消費しながら細胞内の繊維上を歩くように移動する。これによって組織が移動し、細胞分裂が行われる。

30　廣川信隆（一九四六―）

東京大学大学院医学系研究科特任教授。解剖学に瞬間冷凍法を持ち込み、末梢神経の仕組みをはじめて解明した。瞬間冷凍法は化学反応によって細胞を固定する従来の方法に比べ、完全固定に要する時間が短い。そのため短時間に起こる細胞の動きも観察できるようになった。

31　軸索

ニューロン（神経細胞）において信号の出力を行う部分。ニューロンは細胞核のある細胞体、外部からの信号を受け取る樹状突起、信号を出力する軸索の三部分に分かれる。軸索は細胞体から伸びる突起状の構造をしている。大きさは、ヒトの場合でも数ミリメートルのものから数十センチメートルのものまでかなりのばらつきがある。

32　キネシンスーパーファミリータンパク質

キネシンは細胞内輸送を行うモータータンパク質の一種。細胞骨格のひとつである微小管にそった運動を行う。「スーパーファミリー」は、似通った構造や機能を持つタンパク質の集合を指している。

33　バイオインフォマティクス

生物分野の情報を扱う、情報科学の新しい応用分野。分子生物学の進展でゲノムやタンパク質のアミノ酸配列などの膨大なデータが蓄積されるようになり、またそれを処理するコンピュータのソフトウェア・ハードウェアが進歩したことで誕生した。コンピュータを利用した塩基配列やアミノ酸配列の検索と比較によって、未知の遺伝子の機能を推定したり、進化の過程を推定したりすることが可能となっている。

34　ノーベル賞

ダイナマイトの発明者アルフレッド・ノーベルの「自分の財産が生む毎年の利子を、その前年に人類に対して最大の貢献をした人に分配する」という遺言を遂行するために設立された賞。一九〇一年以降、物理学、化学といった分野の功労者に毎年授与されている。

35　養老孟司（一九三七—）

解剖学者。一九八一年から東大医学部の教授を務める。『バカの壁』（二〇〇三・新潮新書）がベストセラー、流行語になった。

第三章 「顧」

二十歳の全能感と無能感

「子曰く十有五にして学に志す」というのは、誰にでも馴染みある論語[1]の言葉ですね。ただ、「十有五にて学に志し、三十にして立ち、四十にして惑わず」というところまではたいていの人が知っているでしょうが、その先の「五十にして天命を知り、六十にして耳順《したが》い、七十にして心の欲するところに従えども矩《のり》を踰《こ》えず」まで知っている人はあまりいないでしょう。自分の年齢に近くなれば読むのでしょうが、若いうちはみんなそんなところは読もうと思わないので、「四十にして惑わず」のところで読むのをやめてしまうからです。実際僕も七十に近くなるまではここまでしっかり読んでいませんでした。

「六十にして耳順う」というのは、人が言うことも自然にそのとおりだなと受け入れる、そういう気持ちになれるということです。僕も六十前までは、人が言うことをいろいろ聞いてもまずは反発する心が起こったものです。それは違うんじゃないか、とすぐに思いました。だけど、六十過ぎてから、誰か他人が言うことでも、確かにそういうこともある、と素直に聞けるようになりました。全面的に承服するわけではないけれど、「確かにそういう一面もあるかな」という思いで聞くと、たいていの人の言うことに、それなりのもっともな一面があることが見えてくるのです。

　そして七十になると好きなことをやっても矩を踰えない、つまり過剰なことをしない、ある限界内にとどまる、ということですが、今僕は七十にして、「本当に論語の言うとおりのことが起きているな」と感じています。

　とはいえ、君たちはまだ二十歳前後あるいはそれ以下の年齢だから、三十、四十がどう、五十、六十、七十、八十がどうというのはあまり関心がないでしょう。なくて当然だし、それで良いと思います。歳をとってからのことはいずれ自然に分かるようになります。二十歳のときの思いにいちばん近いのは、ポール・ヴァレリー[2]の『ポーの「ユリイカ」について』[3]（吉田健一訳）の中にある「そのころ私は二十歳で」という文章だろうと思います。「そのころ私は二十歳で」というのは《J'avais vingt ans》の訳なんですが、ここで引用してみます。

> **その頃私は二十歳で、思想が強大な力を持っていることを信じていた。そして自分が存在していると同時に存在していないのを感じることで奇妙な工合に苦しんでいた。**

ときには私には何でもできるように思われ、その自信は何らかの問題に当面するや否や失われて、実際の場合における私のかかる無能さは私を絶望に陥らせるのだった。私は陰鬱で、浮薄であり、外見は与《くみ》しやすく、それでいて頑固で軽蔑するときは極端に軽蔑し、また感動するときは無条件に感動し、何事によらず容易に印象を受け、しかも誰にも私の意見を変えさせることはできないのだった。

その頃私は幾つかの思想を信じていて、それらがそれらを生ぜしめた私の存在と一致していることが私にとってはそれらが普遍的な価値を持っていることの確証となっていた。すなわち私の精神にかくまで直截《ちょくせつ》に認識することができるのならば私にはそれらの思想を反駁《はんばく》する余地はないと思われ、事実われわれの欲望によって生ずるものは常にあらゆるものの中でもっとも明確なのである。

私はこれらのまだ形を成さない思想を私にとっては最高の方策として胸に秘めていた。私はそれらが異様なものであることを恥ずかしく思い、それらが無稽《むけい》のものであるかもしれないのを恐れていた。

僕もちょうど二十歳のころ、これを駒場で前田陽一[4]先生に「これが二十歳の学生が読むのにいちばんいい文章です」と言って読まされました。前田先生は今上天皇（現在の上皇）が皇太子のときにフランス語を教えた先生で、当時、日本人で唯一フランス語をフランス人同様に話せる人としてあまりにも有名な人でした（幼少時代をずっとフランスで過ごし、教育も小学校からフランスで受けた）。

たぶん君たちは、まさにここで述べられたとおりの状況にあるはずです。そのとおりじゃないとすると、それはちょっと感受性が鈍い人ですね。たいていの人にとっては、こういう状況、つまり自分をすごく肯定的に受け取るときはほとんど全能感にとらわれるけれども、逆に振れるときは「自分は何もできない」という絶望感、無能感に打ちひしがれる――そういう両極端に心が揺れ動くことで心が苛《さいな》まれる、というのが二十歳のころの心理的特徴なんですね。君だけじゃないんだよ。みんなそうなんだ。つまり、こういう心理は二十歳前後の若者にとって、普遍的な心境なんです。

「何だ、オレだけが特別なのかと思っていたら、みんなそうだったのか」とがっかりしないでください。二十歳前後の若者にとっていちばんありがちな誤解のひとつがそれです。「オレだけが特別」という思い込みです。よくよくいろんな人に聞いてみると、たいていの人がそういう思い込みを持ってます。人間ひとりひとりがユニークな存在で、違う個性の持ち主、というのも事実ですが、ひとりひとりが違うようで、実はいろんな意味でほとんどの人が同じというのも、もうひとつの否定できない事実です。

ヒトはユニークな存在であるとともに、ユニヴァーサルな存在でもあるんです。大多数の人間がある特定の状況に置かれたらみんな同じように感じるに違いない感情、情動のあり方、それがいわゆる人間性というものなんでしょう。

個性と普遍性を併せ持つという意味で、オレだけが特別な人間ではなくて、みんなそうだったのかというのは、慶賀すべき安堵の念と言えるんじゃないでしょうか。

ヴァレリーの言う「全能感」に溢れているときはともかく、逆のほうに振れたときには、自殺願望やそれに非常に近い心的状況へ向かってしまう、そういう経験もまたほとんどの人にあるはずです。何歳前後でそういうことに遭うかは分かりませんが、僕も若いころは何度も自殺したいと思ったことがあるし、すれすれまで行ったこともあります。原因は、深刻な失恋でした。二十歳ころの男なんてだいたいそんなものでしょう？　そこまで行かなかった人は、つまらない恋愛しかしなかった人じゃないのかな（笑）。

二十歳前後というのは、まさにそのように心的状況がものすごく揺れ動く時期なんです。先日、立教大学の教授会に出席しましたら、最近ひとりの学生が自殺したということを受けて、若い学生の心理的あるいは精神的なケアを図るときの心がけが書かれたハンドブックが配布されました。そこに香山リカ[5]が寄せた解説の文章があったんですが、その内容がほとんどこのポール・ヴァレリーの文章と同じでした。

まあ、だからこのヴァレリーの文章は、現代の我々にとっては至極平凡なことを言っているようでつまらないかもしれませんが、原文の文章自体は、今読んでも素晴らしいものです。フランス語ができる人は、原文を声に出して読んでください。音にするともっとよく分かりますよ。なにしろフランス語というのは、音韻がすごくいいんです。

私は船尾に、君たちは船首に

フランス語の音韻の問題については、僕は今年五月に『マラルメ全集』[6・7]（筑摩書房）が出たとき『週刊文春』[8]の読書欄にその書評記事を寄せました。この全集にはいくつかの難点があったので、そこを批判したのです。

この本は、まず非常に開封しにくい作りになっている上、値段が高いんです。開封しにくいというか、事実上、この本を本屋で手にとって、中を開いて見ることができないのです。堅い箱に入っていて、取り出し口が透明のプラスチック包装でがっちり固められているので、中を見るには箱を壊さないとなりません。こんなあこぎな商売のやり方があるのかと思いました。僕は書評をする必要があるから買って中を見ましたが、もし買う前に中が見られたら、買わなかったろうなと思った程度の内容です。とは言うものの、ずっと読んでいくと、内容的に買う価値もなくはないなと思えるようにはなりましたが、でもやっぱり価格的に高すぎますね。

それより何より、この全集は訳の部分に問題があります。音韻が良くないんです。

冒頭に、「乾杯の辞（"SALUT"）」という一節があります。これはマラルメ詩集でも、もっとも有名な一節なのですが、その最初の一語はフランス語でRienです。「無、何もない」という意味の言葉で、英語で言えばnothingです。そして、

何もない、この泡、純白な詩（西脇順三郎訳[9]）

と続きます（Rien, cette écume, vierge vers）。

マラルメは難解の極致をもって知られる詩人で、この第一行からして難解そのものです。これは、シャンパングラスを掲げ、グラスの中の泡を見ながらつぶやかれた言葉と想定されています。さらに「純白な詩」の「詩」はフランス語でvers（ヴェール）で、これは音

韻的に、「グラス」を意味するverreと同音の掛詞《かけことば》になっています。

フランス語のRienに付けられた訳は、鈴木信太郎[10]の訳では「虚《むな》し」、西脇順三郎の訳では「何もない」、この新しい本では、「何ものでもない」。「虚し」「何もない」に対して、「何ものでもない」だと、フランス語のRienという言葉の短くてびしっとした響きが完全に消えてしまいます。また、「海の微風」の中のもっとも有名な一節、

肉体は悲し、ああ、われはすべての書を読みぬ（鈴木訳）

肉体は悲しい、ああ、そして私はすべての書物を読んだ（西脇訳）

に対して、

ああ、肉体は悲しい、それに私はすべての書物を読んでしまった

では、響き的にゆるすぎます。その上、原文（La chair est triste, hélas! et j'ai lu tous les livres.）のhélas（ああ、）という途中に来るべき単語を頭に移動させて読んでしまっています。

この部分はフランス語ではすごく響きがいいのですが、それが消えてしまっているのです。この一事からも分かるように、マラルメは音韻をもっとも大切にした詩人なのですが、この全集はそれをまるで大切にしていないんです。

このとき『週刊文春』の書評では、冒頭に長田弘《おさだひろし》[11]の「世界は一冊の本」という詩を引用した上で、二段目からマラルメの紹介をしました。それは、「世界は一冊の本」という言葉が、マラルメについて書くために必要だったからです。「『世界は一冊の本』、といえば思い出すのはマラルメだ」と書きました。マラルメはあるとき『文学の進化に関するアンケート[12]』の中で、「人間界は、ひとつの美しい本に帰着するために作られたのです」と答えていました。

つまり彼は、ある意味で、「一生をかけて一冊の美しい本を書き上げようとして、それを果たせなかった詩人」だったと言えると思います。そしてその本の構想が「イジチュール[13]」だったわけです。

このマラルメ全集の一巻は、詩篇と「イジチュール」で構成されています。「イジチュール」というのは、いろんな試みをしたけれども結局ひとつの本として完成しないで終わった本の未完のタイトルです。結局この全集の「イジチュール」とされている部分は、完結していれば「イジチュール」になったはずの遺稿をまとめたものなのです。それもまとまりを持った遺稿ではなく、バラバラの断片的な試みの文章の羅列になっています。

この本の原典を図書館で借りて開いてみると、「イジチュール」の最後の一節の「賽《さい》の一振り[14]」という詩が目につくはずです。これは普通の詩とはまったく違います。そもそも普通の本のようにきれいに活字が並んでいません。ある部分の活字を大きくしてみたり、言葉をばらばらにしてページのあちこちに散らすように置いてみたりという具合に、さまざまな実験がなされています。紙面全体を自由自在に使って、単なる言葉だけの構成物にしないで、字の形や大きさ、新たに作り出したフォントに独特の表現の激しさを加えたりして、字面の言葉以上のものを伝えようとしています。

　その不思議さは、現物を見てもらうしかありません。これまで、このマラルメの詩の訳を原典に近いかたちで日本人が目にしたことはありませんでした。だいたい、一見しただけで、こんなものを翻訳するのは絶対に不可能だろうというのが分かります。事実、この『マラルメ全集』でも翻訳の試みがなされてはいますが、「翻訳の試み」と言うのも恥ずかしくなるような出来です。ただ、注釈だけはいろんなことが書かれていて面白いので、そこを評価すれば買う価値があると言えます。

　この「賽の一振り」でもっとも重要なのは「偶然性を滅ぼす[15]」という言葉です。この言葉が何を意味するのか。ちょうどこのころ、アインシュタインが量子力学[16]について「神はサイコロ遊びをしない[17]」と言ったことを巡って、偶然性は世界全体にとってどういう意味を持つのか、アインシュタインとコペンハーゲン学派[18]の物理学者との間での論争が起こっていました。ヨーロッパでは、それが物理学の世界から文学の世界まで巻き込んでの大論争になったのです。そんな時代を背景として、マラルメのこの詩ができたのです。二十世紀初頭という時代は物理学の最先端と現代文学の最先端がこのようなかたちでも結びついていたのだ、と考えると面白いです。

さて話を元に戻すと、マラルメ詩集のいちばん頭にある「乾杯の辞」という詩の第二節には、

私たちは航海している
私の色々の友達よ
私はすでに船尾にいるが
君たちは豪奢な船首となり
雷と冬との荒波を切り開く

という部分があります。

この詩を引用するなら、「私は七十歳で既に船尾にいるが君たちは船首にいてこれから雷と冬の荒波を切り開いていく」ということが言えると思います。

君たちこれから大変だよ。だけど面白いよ。二十歳からの数年はどんな人にとっても人生でいちばん面白い時期になると思います。七十歳になった人間が二十歳のころを振り返ると、やはり七十歳の一年と二十歳の一年というのは全然違うと感じますね。

今思い返しても、二十歳のころは、一瞬一瞬の時間がより濃密で、より充実していたような気がします。その時間で何をアウトプットできたか、アウトプット量だけで測ろうとすると、意外に何もなかったなという思いがある一方で、頭の中にあれこれと詰め込もうとしたインプット量と、頭の中を駆け抜けていったスループット量で測ると、それは今と比較にならないほど充実していたという気がします。

他方、まったく違う傾向もあります。今考えると、ものすごく能率の悪い頭の使い方をしていたなという思いがあるんです。どういうことかというと、くだらない本、読む必要がない本を読み過ぎたという思いがするんです。この世にある本の相当部分は、頭の悪い人が書いた頭の悪い文章の羅列で、読む価値がない本です。読めば読むほど自分の頭が悪くなるような本ですから、読まないほうがいいんです。

今は何十年も本を読み続け、書評も書き続けていますから、そういうくだらない本は、ほとんど数分で読む価値がないと分かります。そうなったらその本は読み捨てにして、無駄な時間と無駄な知的エネルギーは使わないで済ますことができます。

しかし、若いときにはそれができませんでした。頭が悪い文章に出会っても、それが理解できないのは自分の頭が悪いせいだろうと思い込んで、その文章を理解しようと必死に努力して、無駄な時間と無駄な知的エネルギーを使ったことが数限りなくあります。

若いときもずいぶん本を読んだつもりではあるけれど、今のほうが実質的に本を読んでいる量はずっと多く、分かりも早くなっているのではないかという気がします。昔はいろんな領域の本で一時間かけないと分からなかったことが、今や数分で分かるようになったということがたくさんあるのです。

まあそういうわけで、七十歳の人生もそれはそれで、二十歳とは違う面白さ、違う充実感があるということです。こういう境地が分かるようになるまで、君たちもあと半世紀はかかるよ、楽しみにしてらっしゃい。

一九六〇年の二十歳、橘隆志《たちばなたかし》

自分自身を振り返ってみると、僕は一九四〇年生まれなので、二十歳のときは、一九六〇年、ちょうど安保の年です。樺美智子さんが死んだ年です。

その二十歳の誕生日、僕はフランスのエクサンプロヴァンスという町で、リセ（日本の高校普通科にあたる）の英語の先生のところに滞在していました。これには長い経緯があります。

たまたまその前の年、一九五九年の四月に僕は大学生になったんですが、その年の八月に広島で原水爆禁止世界大会[19]が開かれたんですね。そのころ駒場で知り合った友人と、日本の原水爆禁止に関する映画や写真を持って海外に出て、いろんな国の人にアピールして回る旅をしてやろうと考えていました。

そのころ日本では大々的な原水爆禁止運動の盛り上がりがありましたが、国際的にはそういう運動はゼロに等しかったのです。それはヒロシマ、ナガサキの惨状が知られていないからだ、その惨状を伝える資料を持って世界中を周ってこようという単純な発想です。具体的には、土門拳《どもんけん》の写真集『ヒロシマ』[20]、新藤兼人《しんどうかねと》の映画『原爆の子』[21]、他に亀井文夫のドキュメンタリー映画『世界は恐怖する 死の灰の正体』[22]などです。はじめはただのペーパープランでしたが、いろんな人に話すうちに賛同者が現れて、土門さんや新藤さんなんかも直接訪ねて依頼したら協力してくれることになったのです。

そこで次に、広島の原水爆禁止世界大会に来ている各国の代表者のところを回って協力を要請しようということで、「原水爆禁止世界アピール委員会」という任意団体を学内に作り、自治委員会の協力をとりつけ、名刺を作って広島に出かけて、代表団に片端から会ってプランを説明しました。二カ月くらいすると、いくつかの代表団から、自分の国に来ることになったらいつでも協力するという返事が来たので、その返事を元に、数カ月後の駒場祭では部屋を借りて、そのプランを説明する展示をしたりしました。さらに数カ月して、あるイギリスのグループが「学生・青年による国際的な核軍縮大会を開くから参加しないか」という招請状を送ってきたんです。

というのも、その前年、イギリスのオルダーマストンというところに核兵器の基地[23]ができて、それまではアメリカが独占していた核兵器をイギリスも持つことになったのですが、それに対する反対運動がイギリスで起きていたんですね。オルダーマストンからロンドンまで抗議の声を上げながら多数の人々が歩き続けたので、オルダーマストン・マーチと言います。哲学者のバートランド・ラッセル[24]など、有名な文化人も多数加わっていました。その運動を組織した人々の中に、翌六〇年にも、もう一度あのマーチをやって、あわせて学生青年核軍縮世界大会もやろう、ということを計画した若者たちがいて、彼らが僕らに接触してきたわけです。

しかし、我々には金がない。向こうもそれは同じだったようで、日本からイギリスまでの切符をくれたわけではありません。ただ、こういうことを計画しているから参加しないかと言ってきただけです。参加するなら、宿の手配とこっちの滞在費は持つ、そんな内容でした。ですから参加しようと思ったら、こっちはこっちでイギリスまで行く費用を作るためにカンパを募る必要がありました。

「その世界大会に日本代表を派遣する会」のような組織を作り上げ、発起人に、安井郁原水協理事長や、土門さん、新藤さん、それに阿部知二など何人かのいわゆる進歩的文化人、東大駒場の教授たちなどをならべました。それでとにかく、いろんなところを回って金を集めました。学生をはじめいろんな人が協力的で、特にいわゆる文化人たちは、当時の価値で千円ぐらいは出してくれたので、学生ボランティアが名簿を作って片端から文化人まわりをやりました。新聞社に行って「こういう大会の招請状がきた。被爆国の日本[25]としては、参加しないわけにはいかないだろう。カンパで行くつもりだ」と伝えると、なかなか好意的な記事を書いてくれたこともあって、それなりに資金は集まりました。

しかし、開催日が近づいているのに、百万円という目標（ふたり分のロンドン往復の飛行機代）に対して、半分ぐらいまでしか集まりませんでした。このままでは埒があきません。一挙にドンとお金を集めなければということで、当初から協力してくれていた教養学部[26]の教授たちのもとを訪ねると、「総長のところに行ってお願いしてみろ、何とかなるかもしれない」と言われました。

そのころの東大総長は茅誠司[27]という人で、学生に人気がなく、不信任運動が起こったこともあったんですが（僕もそれに参加していました）、いざ行ってみると彼はその場で読売新聞の社長に電話して、「君のとこで何とかならんかね、学生がこれだけ金を集めたんだ、協力してやってくれ」と声をかけてくれたんです。そうしたら、残り半分近くの金は読売が出すということで資金問題は一気に解決して、イギリスに行くことができたんです。現地でも読売支局が世話をしてくれました。

当時は、今みたいに誰でも海外に行ける時代ではありませんでした。そもそもパスポートを取るためには、都庁ではなく外務省でいろいろ複雑な手続きをしなければならないんです。その上、外貨を持っていなければ飛行機のチケットが買えなかったのです（海外の航空会社しか国際便を飛ばしていなかった）。そのころ日本は極端に外貨不足で、外貨は日銀が厳重に管理していました。普通の人はドルの売り買いが禁止されていたんです。

つまり、いくら読売が金を出すといっても、実際にイギリスへ飛ぶためには、まず社会党の代議士のところに行って事情を説明して支援してもらい、外務省や日銀に働きかけて……と道程は長かったんです。結局、交渉はぎりぎりまで続いて、軍縮会議が始まるほんの数日前にロンドンに着き、何とか間に合いました。

それにしても当時の日本人は、今の日本人以上に英語がしゃべれませんでした。実地の英語の訓練を受ける機会が学校にも社会にもほとんどなくて、せいぜいラジオの英会話で学んだ程度でしたから、英語にはものすごく苦労したんです。カメラのフィルムを買いたくて、写真屋を見つけて「film をくれ」と言っても通じない。Lの発音が通用しなかったんです。十回ぐらい繰り返してようやく通じました。そのときはじめて、日本人が英語だと思っていた言葉はほとんど単なる和製英語でしかないことを知りました。

例えば、自動車の「バックミラー」、あんな表現は英語にはありません。rear-view mirror と言うんですね。自動車に乗せてもらって、運転手と話をしてまったく通じないのが、そのせいだと分かるまでに、何十分もかかりました。

　ということで、二十歳の君たちに言っておきたいのは、外国語をきちんと勉強しろということです。今の国際社会、英語ができないと話にならない。普通に学校に行っただけでは英語は絶対に身につきません。しかし、今の時代、ＣＮＮ[28]でもＢＢＣ[28]でも契約して自由に観られますから、それを一日中つけっぱなしにして英語に浸れば、間違いなく数カ月でものになります。頑張って耳に神経を集中して聴く必要はありません。流しておくだけでいいんです。スピードラーニング[29]と基本原理は同じで、四六時中聞いていれば、そのうち脳が勝手に学習してくれます。自然に英語が口をついて出るようになるんです。耳から入る音がきちんとすると、しゃべりも自然と身についていきます。

　今の東大は第二外国語が必修[30]ですよね。少なくとも英語ともうひとつはやるわけです。外国語というのは、やればやるほど楽になり、かつ世界が深まります。君たちは幸い日本にいますから、少なくとも日本語と英語は身につくわけですが、プラスアルファもやったほうがいい。特に中国語やアラビア語みたいな、語族[31]のまったく違う外国語をやってみると、脳のまったく新しい領域が刺激されて活性化しますから面白いです。

問題の問題

もうひとつ、大学に入ってまず何を学ぶべきかというと、大学の先生なんてどうってことないんだ、ということだろうと思います。最初のうちこそ「東大の先生」と聞くととても偉い人に思えるかもしれませんが、何カ月か経ってみると、そうたいした先生ばかりではないということが自然に分かってくるでしょう。くだらない先生もたくさんいます。先生だからといってそうビビることはありません。あと十五年も経てば、君たちの中からもさまざまなかたちで教壇に立つ人が出てくるはずです。二十年後には、もっとたくさんそうなる。そうなればますます東大の先生なんてたいしたことがないと分かります。

さらにもうひとつ、早めに知っておいてほしいのは、そもそもこの世のあらゆる問題の正解はひとつではない、ということです。というか、現実世界には、正解がひとつもない問題も膨大にあるということを知らなければなりません。

大学入試までは、すべて正解がある問題に取り組めば良かったわけですが、大学というのはそもそも、既にできあがった知識としてどこかに存在しているものをそのまま持ってきて脳の中に詰め込めばいいという世界ではないのです。正解が必ずしもない問題を解かねばならない状況に置かれたときに、どういう手順で何をどう考えればいいのかを学ぶ場所なのです。これを一刻も早く知る必要があります。それが二十歳のときに学ぶべきもっとも重要なことです。

本当に重要な問題ほど、何が何だかよく分からないものなんですね。問題の本質が何かすら分からない。常に我々は〝よく分からないもの〟に取り囲まれている。だけどとにかく何とかしなければならないという切羽詰まった状況にある。結局はみんな、そんな状況下で悩んで生きているんです。ありとあらゆる学問の世界がそうだし、社会と接点を持つ領域ではみんなそうです。個人的な実人生においても同じことが言えるでしょう。あたりを見回すとわけの分からないことばかり。ではその中で、我々はどう暗中模索して解を見つけていけばいいのか。

第一にやるべきことは、わけの分からなさの整理です。何が分からないのか、自分は何を知りたいのか、といったことを整理して書き出し、問題として設定してみる。問題設定、それがいちばん大事なことです。問題が設定できない場合は、自分の頭の中が整理できていないということだから、もう一度「自分は何を知りたいのか」「何が分からないのか」のリストアップをしてみる。いくらそれを試みても頭の中が一向に整理されないで、モヤモヤしてスッキリしないものがたくさんたまっているときは、そこに最大の欲求不満のタネがあるのかもしれません。いくら考えをこらしても、「自分は何を知りたいのかが分からない」「何が分からないのかが分からない」ということです。

その場合、可能性としては、ふたつあります。ひとつは、ものすごくいい問題にぶつかっていて、とことん考える価値がある場合。もうひとつは、ものすごく馬鹿げた問題に自分の頭がとらわれている場合で、考える価値がないのに頭がなぜか迷妄から脱せないという場合です。

問題は、このふたつが、自分ではなかなか区別ができないということにあります。迷妄に首を突っ込んでいるだけの場合でも、それがそうだと自分では分からないということです。しかも、自分ではそれがものすごくいい問題にぶち当たっているように見える場合がしばしばあります。この場合、いくつかのことを試みる価値があります。

①「こんな問題にとらわれているお前は馬鹿だ」「これはただの迷妄だ」と自己暗示をかけて、しばらくその問題について考えるのをやめる

②その問題を考える、あるいはその問題の答えを得ることでどのようなメリットがある

のかを書きだしてみる。何のメリットもないと分かれば、その問題について考えるのをやめる

これはプラグマティズム（実用主義）の考え方で、こういう方向で考え始めた途端、雲散霧消してしまう問題は実にたくさんあります。以上ふたつの方法で問題が解消しない場合、それは本質的にもっと考える価値のある問題である可能性があります。

価値ある問題のひとつめのケースは、言語の限界にぶつかっている場合です。言語には、あるいは人間の言語的表現能力には限界があります。言語世界と現実世界は、ぴったり重なっているわけではありません。両者の間には本質的なズレがあって、そのズレはどうやっても（言語表現の微調整をやってみても）克服できない場合があります。

その場合、まずやるべきことは、言語表現の微調整をさらにやってみることです。自分の言語能力の限りを尽くしてやってみるのです。その場合、役に立つのは、『日本語大シソーラス』[32]です。この辞書はものを考えるときや日本語表現の問題にぶち当たったとき、本当に役に立ちます。どんな問題にしろ、行き詰まったときにやってみる価値があるのは、問題を書き換えてみることです。問題に別の言語表現を与えてみるのです。

そういうことをするときに、いちばん役に立つのが、シソーラスなんです。紙の本とCD－ROM版がありますが、とことん利用しようと思ったら、紙の本がおすすめです。物理的に紙の本をああでもない、こうでもないとひっくり返す行為それ自体が、頭を活性化するのにものすごく役に立ちます。安くない本ですが、僕はこの本を二冊買って、別々の仕事場に置いてあります。

次にやってみる価値があることは、数学を使ってみることです。具体的には代数です。要するに、分からないことをxあるいはyに置き換えて、xやy入りの文章で、分からないことを表現した文章をたくさん書いてみることです。中学生になって、未知数xと未知数yを使い始めた途端、xを使わなかった時代に頭を悩ましていたツルカメ算や旅人算などの複雑な算数問題が、スルスルと解けていってしまったように、算数問題ではない別世界の問題でも、代数的方法を使った途端、頭が整理され、問題が解決してしまうことがあるということが分かるかもしれません。

この延長上には、数学のテクニックをもう少し導入してみるという道もあります。x、yの二元一次方程式の世界から多変量解析の世界に行ってもいいし、二次式、三次式、微分積分の世界に行く手もあります。おそらく応用の可能性が非常に高いのは群論の世界でしょう。化学の世界でも物理の世界でも、群論は多くの問題を解決してくれたので、今や、群論なしの化学、群論なしの物理学など考えられないまでになっています。

もうひとつ応用が効くのは、トポロジーのものの考え方です。あとは、数学の参考書に譲りますが、要するに、問題の性質そのものに問題がある場合、数学の考え方が役に立つということです。言語の世界に限界がある問題の場合、この方法論が大きな突破口を切り開いてくれる可能性が大であるということです。

問題設定がちゃんとできればあとは簡単で、答えは半分見つかったも同然です。ただ、問題には良設定問題[33]と不良設定問題があります。良設定問題とは、一義的な答えがある問題。不良設定問題とはそれがない問題です。

一義的な解（答え）がある場合はいちばん簡単で、あとは時間とエネルギーを投入して技術的にそれを見つければいいだけの話です。一方、一義的な答えがない問題には三通りあって、「そもそも答えがない問題、あるいは答えのあるはずがない問題」、「ひとつ以上の答えがあるが、どれが正しいか分からない場合」、さらには「複数どころか多数の解があって、そのうちどれが正しいのか分からない場合」などがあります。最初の場合、しばしば問題の立て方自体が誤っていることが多いです。その相当部分が、言語の不適切な使用に起因しています。若い人の場合、問題がそもそも存在しないところに何か大問題があるように思い込んでいるだけ、というケースが非常に多いですね。

言語の不適切な使用にも「意味論[34]的な不適切使用」と「統語論[34]的な不適切使用」があります。セマンティクスの問題とシンタックスの問題と言ってもいいでしょう。どちらも定評ある解説書をちょっと読んでみるだけで、多くの迷妄から抜け出すことができますが、あえて参考書を手にとらなくても、「自分の立てた問題に論理的におかしいところはないか」「それは本当に意味がある問いなのか」「言葉の使い方を間違っているだけの問いなのではないか」と問い直してみれば意外にスルスル解けてしまいます。問題自体が雲散霧消してしまうこともしばしばです。

要するに、問題を考えるときには、それがどのような領域のものであれ、正しく問題を設定しないと、無用の問題、考える意味がない問題に頭がとらわれてしまうから注意しろ、ということです。問題がどのようなタイプの問題なのか、問題の問題性の分析を行い、それによって解の存在空間（解空間）を見きわめ、解が存在しない空間で解を求めるような愚かなことをするな、ということです。

僕は大学でウィトゲンシュタイン[35]の『論理哲学論考』のまとめの一節「およそ語りうる

ことはすべて明晰に語りうる。しかし語りえぬことについては沈黙せねばならない」という一節に出会いましたが、これはその後の人生において、ものを考える上でいちばん役に立ってくれた一節です。

この言葉において大事なことはふたつあって、ひとつは、語りうることはすべて明晰に語りうるのだから明晰に語れということ。もうひとつは、語りうることと語りえぬことの存在空間は違うのだから、それを混同した解の求め方をしてはならないということです。言語表現の存在空間と、「語りえぬもの」の存在空間はまったく異質であって、両者は重ならないということです。

割と短いトンネルの向こうは、誰も知らない世界でした

同様のことが、別の角度からも言えます。例えば人間のアーキタイプ（原型、おおもとの分類）として、ホモ・サピエンス、ホモ・ファーベルはまったく違うタイプの人間存在だから、その問題の立て方も解の出し方も自ずから違うところがあって、求める解の存在領域も自ずから違うんですね。

これまで語ってきたのは、もっぱらホモ・サピエンス的問題の立て方、解の出し方についてです。これは、ホモ・ファーベル的人間（作るヒト、行動するヒト）にとっては、その大半が「そんなことどうでもいいんじゃない？」の一言で済むような領域の問題です。なにしろホモ・ファーベル的人間にとっては、行動することこそいちばん大事な問題であって、ホモ・サピエンス的人間が重要視する、頭に何らかの知識をため込むことや、頭の中を整理整頓する類のことは、いわば、どうでもいいことに属します。

さらにそれとはまた全然違うタイプの人間の類型もあって、彼らにとっていちばん重要なのは感性とか心情の世界で、知性の問題も行動の問題も、どちらもどうだっていいことになります。どうだっていいことはどうだっていいことなんです。そんなことに頭を悩ますほうがバカなんです。

人間には、知・情・意[36]の三つの世界があって、各人が内部でこの三要素のバランスを独特にとりながら発展させることで、その人の個性を形成しています。そのバランスのとりかた次第でその人のものの考え方の基本、価値体系の導き方もみんな違ってくるわけです。だからある人にとっていちばん大事なことが、別のある人にとってはどうでもいいことになってしまうことがあり得るわけで、それによってしばしば人間同士は共感しあったり軽蔑しあったりするわけです。

　だから、互いに違う個性を激しくぶつけ合わせる中で、相手を理解し自己の人格を育てていく姿が、二十歳前後の同年輩の若者たちが一堂に会する大学の教養課程の面白さです。一言で言えば、切磋琢磨の大切さです。教養課程の二年間の出会いで、それぞれの人が、他人がいかに他人でしかなく、自分はいかにどうしようもなく自分であるかを学び、自分の独特の個性と価値体系を磨きはじめるのです。このような個性と個性の相互刺激による急速な発達を指して「人格の陶冶《とうや》」と呼ぶのだろうと思います。

　陶冶というのは、陶器を作る過程において、陶土を徹底的にひねくりまわしこねくりまわした上で、ある形相に作り上げそれを窯に入れて焼くことを意味します。君たちは今、一定の形相に達する前段階として、ひねくりまわされこねくりまわされている真最中ということになります。この間に、いかに、知・情・意の三要素全体にわたるよき刺激を受け、自分を発達させるかです。

　そのためには、できるだけたくさんのわけの分からないものにぶつかって、解を求めて頭を悩ませながら、どうしても解が見つからないことに悩んで悩んで悩み抜くべきです。また、そういう状況の中である決定を下すときに、どのような方法があるのかを学ぶことが、いちばん重要なんじゃないかと思います。

要するにそのあたりが、大学に入る以前と以後での最大の違いですね。大学に入っても、正解が常にあって、その出し方を学ぶのが学問、という領域もあるから、そういう教え方をする先生もいます。しかしそれも結局は尺度のとり方の問題です。その人がたまたま浅い世界に住んでいて、彼の見渡している視野、タイムスパン、問題の掘り下げの深さでは正解が見つかるのかもしれないけれど、目の前の同じ問題に対してより広い視野、より長いタイムスパン、より深い掘り下げ方をすれば、ほとんどのことについて、実はやっぱり分からない、ということが見えてくるはずです。フロントラインまで出ればどこの領域でも必ずそうなります。

しかも、そういう〝前人未到の誰にも分からない世界までの距離〟って、意外と短いんです。もちろん、多少歳をとった人たち――およそ大学の先生は、准教授クラスだと平均的に四十代、教授だと五十代ですから、持っている知識は若者に比べれば莫大で、議論をすると圧倒されることもありますが、それにしても、です。

君たちはいずれ教養課程を経て、本郷での専門課程に進んで、さらには大学院へ行く。その過程は学問領域によって違いますが、必ずどこかで、誰にも分からない問題にぶつかります。「ここから向こうは人類が積み重ねてきたすべての知識をもってしても誰にも分かりません」という世界が急に広がってくるのです。領域によっては、それはすぐやってきますし、自分自身の求めるものが深ければあっという間にそこまで行きます。「アッ、オレは今人類史の最前線に立っている！」と実感する日がきます。それに、そこまで行かないとたいていのことは面白くないのです。

　若いときは、ちょっとページをめくればすぐ向こう側に常に誰か正しいことを言ってる人がいるんだ、というふうに思うかもしれませんが、そんなことはないんです。哲学の領域にしても、ありとあらゆる有名哲学者は〝ギリギリそこは分からない〟というところで格闘してきたんですよ。自然科学では発展的世界観みたいなものがあるように見えるでしょうが、哲学の領域になると、大昔から「オレこそが人類のフロンティアだ」と思っている人がどの時代でも複数いて、いずれも今なおそれなりに価値ある言説を並べているという面白さがあります。

筆を執るにも千冊の途

領域によって違うでしょうが、君たちは既に、フロントラインに相当近いところまで来ているんですよ。授業のとり方次第で最前線の砲火が見えるところまで迫れるはずです。駒場の相当部分の先生がフロントラインに参戦している先生方です。大学院まで行ってそういう先生の研究室に入ったら、君たちもすぐに一兵卒としてフロントラインの戦いに参加できるんです。大学というのは、そういう面白さがある世界です。しかし、一兵卒はあくまでも一兵卒です。その世界で一本立ちして研究者ないし、プレーヤー的発信者になるためには今一歩の跳躍が必要です。

そういう世界に突き入っていく上で大事なことをいくつかヒントとして言っておきます。

どんな領域でも必ず、まずは何かを学ぶという学習の過程を踏まねばなりません。いずれは前のほうへ出るにしても、とりあえずは先人たちが積み上げたものを学習する段階が必要です。

学問の世界で言えば、いわゆる先行研究のフォローアップの段階です。それをどの程度やらなければならないかは、領域によってものすごく違います。クリエイティビティのほうがはるかに重要とされる領域では、先人の積み上げたものなど一切無視していきなり自分自身のユニークなアウトプットをぶつけることが可能な世界もあります。文学、芸術などの創作の世界はまさにそういう世界でしょう。

しかし、そういう世界でも、先人がやってきたことをある程度知っておかないと、自分ではユニークなものを出したつもりでも、剽窃《ひょうせつ》、盗作呼ばわりされることがあります。人間の脳が一〇〇パーセントユニークなものをアウトプットできるかといえば、できないと言ったほうが正しいと思います。自分では意識してなくても、脳がどこかで学習して、頭の奥深く蓄積していたものが、あるとき溢れ出してきて、自分の口をついて出る、あるいは筆先をついて出るということは、大いにありうることだからです。

また、クリエイティビティを発揮することより伝統に従うことが重要な世界では、先行研究に通暁していることが何よりも重要視されます。そういう世界で先行研究を無視した下手な発言をすると、「ああ、そんなことは××がとっくの昔に言ってるよ」の一言でただちに葬り去られ、以後あなたの発言はことごとく無視されるということになってしまいます。そういう世界だからといって、若々しい頭脳を持っていられる日々を、先行研究のフォローばかりに費やしていると、いつの間にか頭が退化してクリエイティビティを失ってカサカサの人間になってしまうということにもなりかねません。どこかで、脳が若さを保っている間に、情報の受け手から発信者に転ずる必要があります。読んで知識を入れる一方の生活から、読みつつ書く生活に変わるということです。とはいえ、経験が少ないとあまりにも浅いことしか言えません。人間、それ以前にインプットしたもの以上のものはアウトプットできません。

スポーツの世界で、まずは練習をみっちりやって体力をつけ、技を磨き、練習試合をたくさんやって勝負度胸を身につけるのが必要なのと同様に、論壇に出ようと思ったら、たくさんの人と議論を積み重ねて、自分の論の構築能力と論争力を適切に向上させることがまずは必要です。いずれにしても、アウトプット能力はそれまでのインプット量に比例して大きくなっていきます。

「I《アイ》／O《オー》比」[37]、インプットとアウトプットの比を一定以上に保つのは必要なことです。たいていの知的世界であれば、I／O比は少なくとも一〇〇以上ないといけません。つまり、少なくとも一〇〇冊以上本を読んだ人でないと、平凡な内容の本でも、一冊の本を書ける域には達しないということです。

さらに、平凡でないある程度以上の水準のものを出そうと思ったら、I／O比が一〇〇〇ぐらいまでいかないと駄目でしょうね。つまり一〇〇〇冊の本を読んで一冊の本を書いたときにはじめて、まあまあの、読むに堪える出来の本になるということです。これはもちろん学問、あるいはその他の領域によって違いますから、必ずしも一般論として成り立つわけではありません。しかし、そういう比の割合は、既に君たちも体験として知ってることだろうと思います。

いろんな意味で一〇〇〇というのはいい区切りになるんですね。だいたいどんな領域でも、桁が三つ上がるとまったく新しい世界に入ります。例えば実生活においても、一ミリメートルの世界と一メートルの世界、一メートルの世界と一キロメートルの世界、あるいは一秒の世界と一〇〇〇秒の世界、一日の時間経過と一〇〇〇日の時間経過（一個の受精卵が二歳児まで育って言葉をしゃべりだすまでの時間）とではまったく違うと実感するでしょう。

研究領域にしてもそうです。微細な方向でいえば、ミリメートルの世界、マイクロメートルの世界、ナノメートルの世界、あるいはその三桁下……と進むにつれ、どんどん新しい世界に入っていくことになります。コンピュータのメモリーでも、キロ、メガ、ギガ、ときて、最近はハードディスクなどテラまで来ているでしょう。三桁違うと全然違うことが可能になる、別の世界が開けてくるということが、自然科学の領域においても人文科学の領域においても必ず言えるんですね。だから例えば調査するときでも、サンプルを一〇〇〇取るのと一〇〇万取るのとではまるで違うわけです。

逆に、いろんなことを語ったり、素早く物事を考えるためには、概算能力も必要になってきます。大雑把なことを言う能力ですね。大雑把なことが言えればとても仕事が捗ります。例えば、これはおおよそ一〇の何乗だとか、対数的に数字を簡単に把握することに頭が慣れると、頭の中に計算尺を置くのと同じになって、ものすごく便利です。そのために、頭の中でパパッと大まかな計算ができるよう、常に訓練しておくといいと思います。

そういう意味では、やっぱり頭のタイプとして、理系・文系というのはあると思うね。つまり、どこか頭の構造が数学的な人とそうじゃない人がいるということです。抽象的な分析でパッと流れをつかめる人と、具体的な物事の流れにどんどんのめり込んじゃう人と基本的に頭の構造が違うんじゃないのかな。

僕はどちらかと言えば自分は理系タイプだと思っています。実際、高三の三学期まで理一に行こうと思っていたんですが、進路の先生に止められたんです。僕は色弱でして、そういう人は当時、理科に進んでもダメという進路指導がなされていました。まあ結局は文二（今の文三）で良かったと思っていますが。僕の親は両方、文学青年に文学少女で、僕自身、流れる血の半分以上は文系ということですから、そのせいもあってか、文章を書くことがまったく苦にならないんです。

それにしても頭の傾きは理系かもしれません。『田中角栄研究』（31ページ参照）を書いた年に、ロケットの糸川英夫博士[38]と対談したんですが、そのとき彼に「あれは理系の人が書いた論文そのものです」と言われたのを覚えています。僕の文章は何度か英語に翻訳されているんですが、その翻訳者からもそんなふうに言われました。他の日本人の文章だとどう訳していいのか分からない部分があるけれども、あなたの文章はすごくロジカルだから何の苦もなく英語に置き換えられる、と。

事実は小説よりも奇なり

文章といえば、僕は二十歳のころ、文学サークルに入っていました。小説や詩をたくさん書きましたが、大学の文学サークルというのは創作して批評しあう同人雑誌的部分より、いろんなものをモーレツに読み合って、議論しあう部分のほうがはるかに多いんです。そういう付き合いの中で互いに知的刺激を与え合う友人ができていったのが、大学時代のいちばん良い思い出ですね。

この時代、特に小説はかなり組織的に読みました。外国文学の代表作は古典から現代文学まで、ほとんど全部読んでいます。ただ、日本の現代文学は大江健三郎[39]止まりですね。村上春樹[40]になるともう読んでない。社会人になってから小説を読むのをやめたんです。小説はくだらないと思うようになったんですね。

　僕は大学を卒業して文藝春秋という出版社に入り『週刊文春』の編集部に配属されました。そしてそこでの仕事を通じて生のどろどろした現実を、あらゆる角度から見ることになったわけです。社会的な事件から政治・経済の世界、そういう目の前に展開している現実の面白さ、奇怪さに比べたら、小説の世界なんて全部芝居の書き割り程度の薄っぺらな作り物にしか思えませんでした。

　確かにときたま、読者を作者の創りあげた壮大なフィクション世界に引きずり込んで、現実世界以上に不思議な多重構造世界を見せてくれる、そういうタイプの作者がいることはいますよ。例えばドストエフスキー[41]はそうでしょうね。

　でもそういう作家は十九世紀には多くいたけれど、現代にはあまりいない気がします。現代は同じフィクション世界でも、文学の世界は映画の世界に完全に負けていると思いますね。文学の世界はひとりの著者が頑張ってひとりで作り上げるものであるのに対し、映画はシナリオライター、俳優、演出家、カメラマン、美術家などなど多くの才能が集って作り上げる壮大な総合芸術の世界で、異質な才能のとりあわせのシナジー効果が正の方向にうまく働くと、観客のハートと頭をつかんで揺り回すパワーにおいて、もはや活字世界などとは比べることができない高みに達していると思いますね。

だから、映画一本をとことん解読してやろうと思って『解読「地獄の黙示録」』[42・43]を書いたりしたんですが、同じような努力をはらってとことん解読したくなるような文学作品が、十九世紀はともかく、二十世紀に現れたかというと、現れなかったと思いますね。

本のいいところは、その本を読むのが嫌になったらすぐ読むのをやめられることです。人間関係だったらそうはいかないけれど、本は次々に乗り換えて新しいものに手が出せる。今から考えると、若いころは、本にしても何にしても自分の好みが偏りすぎていたと思いますね。若いころは、自分の好みが偏っていることに価値があるのだと思っていました。その偏りに自分の個性があると思っていたからです。個性には、文句なしに価値があると思っていたわけです。だけど歳をとって分かってきたのは、個性に文句なしの価値なんてないということです。

自分の脳の発達過程で起きたさまざまな偶然の積み重なりが、自分の脳にある種の偏りを持たせた。その偏りが自分の偏りだから、自分で価値があると思っていただけの話で、普遍の立場から見たら、そこに特別の価値があるわけないじゃありませんか。

普遍は不偏なんです。偏りがないことなんです。だけど、ノーベル物理学賞の南部陽一郎[44]先生の「対称性の自発的破れ」の理論じゃありませんが、人間の脳は、不偏のまま、つまり完全対称性を保ったまま、発育していくなんてことはできないんです。針先にボールベアリングの球をのせたまま長時間おいておけば必ず転がり落ちるのと同様に、脳もどこかで対称性を自発的に（自然に）失わざるを得ないものなんです。何らかの偏りが必ず生まれるものなんです。個性の誕生は何らかの自力の働きによるものでないことはもちろん、神様の与えた恩恵でもありません。マザーネイチャーが与えたもろもろの偶然の積み重なりが生んだひとつの必然としか言えないのでしょう。

偶然が生んだひとつの現象に過ぎないにしろ、若いころはそれが自分の個性であるからには、そこに価値を置いて、自分の個性中心でガンガン行くしかないでしょう。そしてそれでいいと思うんですが、歳をとるにしたがって視野が広がっていくと、他人の個性のよさも目に入ってくるし、その価値も分かってきます。先に述べた、論語の「六十にして耳順う」の意味が歳をとると自然に分かってくるというのは、そういうことなんだろうと思います。だけど、二十代の青年は、「耳順う」必要なんかありません。自分の個性中心、自分の意見中心でどんどん自己を主張していったほうがいいと思います。

ただ、同時に大切なのは、自分の個性を主張するだけではなく、他人の個性とのぶつけ合いを積極的にどんどんやっていくことだろうとも思います。それは本を読む上で本の選択についても言えることです。自分の偏った好みにあまりとらわれず、いろんな本にどんどん積極的に手を出せということです。若いときはなるべく多くの人から知的刺激を受けるのがいいんです。読書傾向をあまり偏らせず、心をオープンマインド状態にして、いろんな本にぶつかっていくことです。

異性関係をあまりオープンマインド状態にして浮気に浮気を重ねていくと、人の批判を浴びることになるでしょうが、本とか思想とかものの見方、感じ方にかかわることについては、若いときに、できるだけ乱読・乱接触するべきです。可能な限り、浮気に浮気を重ねるべきです。警戒すべきは、乱読経験、浮気経験が少なかった若者は〝何者かに対する狂信〟に陥ってしまいがちだということです。政治の世界でも、宗教の世界でも、あるいはその他もろもろ、文化の世界、サイエンスの世界でも同じだということを力説しておきたいと思います。

紙書籍よ、さらば？

本といえば、iPadの発売以降、電子書籍が話題ですが、僕もこれから電子書籍は大いに利用していきたいと思っています。自分が今までに書いた本も積極的に電子書籍にしていこうと思っています。既にいくつかは具体的なかたちで進めています。現にこの『二十歳の君へ』も電子化しようということで案を練っているところです。

だからといって、もう紙の本の世界は終わりで、これから本の世界は一気に電子化していくぞ、とも思っていません。紙の本にも電子書籍にもそれぞれメリット・デメリットがいろいろあるから、当分の間両者がマーケットを分けあって併存する時代が続くと思います。

今は電子書籍の「第二期」か「第三期」に当たります。実は一九九〇年頃に「第一期」と呼べるものがあったんです、結局ほとんど頓挫しましたけど。僕はそのころからずっと電子書籍に興味を持っていまして、当時はこれに関して随分発言もしましたし、商品作りの相談に乗ったこともあります。

しかしみんな、すぐに紙の書籍と電子書籍を比べたがるけれど、そもそも大昔は、「紙に書く」という発想さえなかったわけですからね。吟遊《ぎんゆう》詩人[45]とか、日本でいえば『古事《こ じ》記《き》』[46]の前の太安万侶《おおのやすまろ》の時代とか、文学は口頭伝承から始まってるんです。もしその当時に記録メディアがあって、彼らの語りを保存したものをそのまま現代でも再生できたなら、面白かったろうなと思います。技術がその時代の文化を変えていく、ということは過去に何度も起きてるし、これから何度も起きると思います。

　グーテンベルク[47]の活版印刷[48]による文化革命はそのはしりだったと言えるわけです。今から考えると明らかに、グーテンベルクの印刷革命によってはじめて聖書が誰の手にも入るようになった（グーテンベルクが最初に作ったのは『四十二行聖書』）のだし、それによってはじめて、宗教改革も起きたと言えるわけです。フランス革命も印刷術の更なる普及によって起きたのです。だからフランス革命によって獲得された基本的人権の中に、「言論の自由」「集会・結社の自由」と並んで、「印刷・刊行（プレス）の自由」が入っているわけです。「印刷・刊行の自由」とは何かというと、政治ビラ、政治パンフを作って配る自由のことです。政治ビラ、政治パンフがフランス革命を起こしたんです。

「プレスの自由」という言葉を使うのは、グーテンベルク印刷機が活字にインクを塗って押し当てる（プレスする）ことによって成り立っていたからです。報道の自由をプレスの自由というのも、新聞が活版印刷機をプレスすることで作られたからです。フランス革命の次の大革命のロシア革命も、レーニンが革命の最大の道具は新聞であるとして、イスクラという新聞を作ったことに始まるわけで、ここまでは活版印刷が広報宣伝活動の主役を担っていたわけですが、二十世紀の後半から、その主役の座が、印刷機からコンピュータのプリンターに替わって、物理的にプレスという工程すらなくなったわけです。

それとともに、印刷物の製造と流通販売の世界にも革命が起り、版元が印刷物を一手に製造して、一手に販売するビジネスモデルが崩壊してしまったわけです。コンテンツ[49]、情報だけが販売され、その情報を元に印刷物を作る工程は、コンテンツ情報の購入者が、自分の手元にあるプリンターと紙を使って勝手にやることになったわけです。今は旧来の版元による印刷物の製造・販売一手流通方式と、コンテンツ情報別売り方式とが併存している状況で、これがどのような展開を辿るかは、まだ見えてきません。

技術的にはいろんなことが可能で、ベンチャーが同時並行でいろんな可能性を試してみる試行錯誤の時代が今しばらく続くような気がします。

「紙の本には紙の本の魅力が……」とか言われますけど、技術はどんどん進化しますから、例えば電子書籍でありながら紙の手触りを感じさせるものが出る可能性だってあります。感触なんて、手の表皮のセンサーが受けた情報を脳が感じているだけですから、その刺激を人工的に脳に与える仕掛けができればいいわけです。３Ｄ映画の『アバター』[50]など、バーチャルリアリティの技術は次々実現していますし、結局人間が持っている感覚とか認識能力で絶対的なものはなく、すべて、いろんなやり方で乗っ取ることができるんです。要するに、「今の技術はこうだからこれはこう」と簡単に結論づけないほうがいい。面白い試みはどんな時代にもあるんだから、若い人は目先のことにとらわれず、どんどん新しいものにチャレンジすべきです。

　いずれにせよ、何か表現したいと思っている人がいて、かつ、そういうものを何らかのメディアを通して受け取りたい、楽しみたいという人がいる限り、本、あるいは本的な情報パッケージを作る世界も売る世界も消えないし、むしろさらに多様な展開を見せるだろうと思います。

［第三章　注］

1　論語

儒教の中心的な教えをまとめたもの。二千五百年前の中国に生きた孔子とその弟子たちの言葉をまとめた古典だが、「人として守るべき当然のこと」を平易な文章で語るという性格ゆえ、現代日本でも自己啓発から経営学まで幅広く用いられている。ここで引用されている部分の原文は以下。

子曰ク、吾十有五ニシテ而志ス二于學ニ一。
三十ニシテ而立ツ。四十ニシテ而不レ惑ハ。
五十ニシテ而知ル二天命ヲ一。六十ニシテ而耳順《したがフ》。
七十ニシテ而従ヘドモ二心ノ所ニ一レ欲スル、不レ踰エレ矩《のりヲ》。

（爲政第二）

2　ポール・ヴァレリー（一八七一―一九四五）

フランスの作家、詩人、評論家。フランス第三共和政を代表する知性と評される。文学、芸術、思想など多岐に渡って活躍した。少年時代はランボー、ポー、ボードレールに熱中し、一八八九年頃にはマラルメ（99ページ）の詩に魅せられたという。詩『若きパルク』、評論『精神の危機』、対話篇『エウパリノス』、小説『ムッシュー・テスト』など。レオナルド・ダ・ヴィンチの『手帳』にならってその生涯を『カイエ』(手帖)に綴った。

3 『ポーの「ユリイカ」について』

ポーを賛美したヴァレリーによる論文。『ユリイカ』(一八四八)はエドガー・アラン・ポーの最晩年の散文詩。この文章については、立花隆『脳を鍛える 東大講義① 人間の現在』(二〇〇〇・新潮社)にも詳しい。

4 前田陽一(一九一一—一九八七)

フランス文学者。パスカル研究の世界的権威。「複読法」という独自の方法論に基づいた手稿解読は、海外からも評価を集める。東大の教授を務めた後、ソルボンヌ大の客員教授として迎えられ、名誉博士号を授与されている。父は文部大臣を務めた前田多門、妹は精神科医の神谷美恵子である。

5 香山リカ(一九六〇—)

精神科医、立教大学教授。心の病と言われる鬱病などの対策として、ストレスを溜めこまない生き方、現代人にとっての幸せな生き方を提示する書籍を数多く執筆している。『生きづらい〈私〉たち——心に穴があいている』(二〇〇四・講談社現代新書)など。

6 『マラルメ全集』(二〇一〇・筑摩書房)

マラルメの著作を収めた全集。一九八九年の配本開始から二十余年をもって全五巻が完結した。一巻が本文巻と注解巻の二冊を銀色の箱に収めているが、注解が本文の二倍以上の厚みを持つ。一巻でおよそ二万円する。

7　ステファヌ・マラルメ（一八四二―一八九八）
フランスの象徴派詩人。難解な詩を多数発表した。作品に『牧神の午後』など。ちなみに、彼が自宅で開く社交会「火曜会」に現れた面子といえば、画家ではモネ、マネ、ドガ、ルドン、作家ではジッド、ヴァレリー、音楽家ではドビュッシーと、十九世紀末を代表する芸術家ばかりだった。

8　『週刊文春』
文藝春秋発行の総合週刊誌。政治資金絡みの告発記事が多い。

9　西脇順三郎（一八九四―一九八二）
詩人。詩論も多く手がける。オックスフォードへの留学経験があり、その後慶応大学文学部にて英文学史などの教鞭をとる。西洋的教養と日本的感性を融合させ、独自の詩風を展開した。『マラルメ詩集』（一九九六・小沢書店）などに翻訳が収録。

10　鈴木信太郎（一八九五―一九七〇）
フランス文学者、東大教授。マラルメ研究の大家。学位論文は「ステファヌ・マラルメ詩集考」。翻訳書は『マラルメ詩集』（一九六三・岩波文庫）など。

11　長田弘（一九三九―二〇一五）

詩人。数多くの詩集のほかに、エッセイ、評論などの著作もある。代表作は詩集『深呼吸の必要』。『世界は一冊の本』（一九九四・晶文社）は一部の中学校用教科書にも掲載。「本を読もう。もっと本を読もう。もっともっと本を読もう」の出だしで有名。

12　『文学の進化に関するアンケート』

フランスのジャーナリスト、ジュール・ユレによる日刊紙での連載をまとめたもの。一八八〇年代、詩の分野においては象徴主義の若い詩人たちが登場し、小説では自然主義から心理小説への回帰が唱えられる。こうした文学の進化が向かう方向を解き明かすため、ジュール・ユレは六十名以上の詩人や小説家を取材してこの本をまとめた。

13　イジチュール

マラルメが二十七、八歳にかけて書いたものの未完のまま放棄されていたメモの束が、死後、再編されて浮かび上がった一連の哲学的小話。ボニオ版、マルシャル版などいくつかのバージョンが存在している。

イジチュール（「それゆえ」を意味するラテン語）という名の主人公が、傍目にはなかなか理解しがたい観念的問題を抱えながら、螺旋階段で部屋から地下の墓場までおりてゆくのだが、結局毒物をあおって死んでしまう――というのが一応の粗筋。ただし文章構造は整然からはほど遠く、日本語で読むのも至難。とにかく、「この小話は、読者の知性に訴えかけるもので、読者の知性が、みずから、物事を舞台にかける」そうであるから、図書館に走って訳文だけでも手にとって、詩人マラルメの若々しい悩みに触れてみることを薦める。

14 「賽の一振り」

『イジチュール』の中の一章「賽を投げる」にも顕れている「偶然性」というテーマに再び立ち向かったマラルメの最後の作品。秋山澄夫訳（一九九一・思潮社）では『骰子《とうし》一擲《いってき》』。自然のダイナミズムに打ち勝てないことを認めながらも、なおそれを乗り越えようとする詩人マラルメにとって、唯一の武器は「一語また一語と偶然を征服する」ような意識的詩作であった。そんな彼の葛藤や意志が、空白やさまざまな字体を駆使した、波浪のような、星座のような、うねる文字配置からもうかがえる。

15 アルバート・アインシュタイン（一八七九―一九五五）

「天才」の代名詞ともなったドイツの物理学者。のちアメリカへ移住。主な業績はブラウン運動の説明と光量子仮説の提唱、相対性理論の構築など。「量子力学を用いて予測できるのはある種の確率のみである」とする確率解釈に反論した。ちなみに、あの舌を出した有名な写真は、七十二歳の誕生日に記者から「笑ってください」と言われ、照れ隠しにした表情だとか。

16 量子力学

ミクロな世界で成り立つ性質（量子性）を研究する物理学。例えば原子や光子は、粒子でありながら波としての性質ももつ。私たちの日常感覚に反する現象が多々見られ、二十世紀初頭の物理学・哲学の世界に大論争を巻き起こした。一般向けに分かりやすく解説した物語として「光子の裁判」（朝永振一郎著）が有名。数多くの解説書が出ているが、やはり難解なものは難解で、毎年多くの理系大学生を苦しめている。

17　神はサイコロ遊びをしない

物理理論に偶然（予測不可能なできごと）は現れないに違いない、というアインシュタインの主張。彼は、古典物理学に対してコペンハーゲン学派が提唱していた解釈の方法に懐疑的な立場をとっており、一九二六年十二月に親友の物理学者マックス・ボルンへ宛てた手紙の中でこのように述べた。

18　コペンハーゲン学派

量子力学において現在主流の解釈であるコペンハーゲン解釈を唱えたグループ。極めて微小な世界では、観測を交えなければ、すべての状態は確率を用いたかたちでしか記述できない。しかし、実際に観測される状態はただひとつである。このことについてコペンハーゲン解釈では、観測という行為によって事象そのものが変化すると解釈する。

他にも様々な解釈がある。例えばエヴェレットの多世界解釈では、観測の前後で状態は変わっておらず、ただ確率的にあり得るパラレルワールドのうち観測者が一部を切り取って観測したという解釈をする。

19　原水爆禁止世界大会

「原水爆」は原爆（原子爆弾）と水爆（水素爆弾）の総称。一九五四年、アメリカが太平洋上のビキニ環礁で水爆実験を行い、第五福竜丸など日本の遠洋漁業船が被曝した。これを受けて国内の核廃絶運動が高揚し、翌五五年以降、毎年八月に原水爆禁止世界大会が開催されている。

20　『ヒロシマ』

土門拳の写真集。一九五七年から広島に通いつめ取材、翌年研光社から刊行。原爆の後遺症に苦しむ広島の人々の姿、「魔の爪跡」が生々しく写し出される。土門のヒロシマに対する関心はその後も薄れず、六八年には写真集『失意と憎悪の日々――ヒロシマはつづいている』、七八年には『生きているヒロシマ』を刊行している。

21　『原爆の子』

一九五二年の新藤兼人監督作品。戦後広島の教育学者長田《おさだ》新《あらた》が編纂した作文集『原爆の子〜広島の少年少女のうったえ』（岩波書店）を基にしている。チェコ西北部の都市カルロヴィ・ヴァリで開催される国際映画祭で平和賞を獲得するなど、海外の映画賞を多数受賞している。

22　『世界は恐怖する 死の灰の正体』

亀井文夫のドキュメンタリー作品（一九五七）。タイトルのとおり、放射能の恐ろしさ、原子力の危険性を記録映像とナレーターが生々しく伝える。最後の一言「『死の灰』は人災である。人間がその気になれば」が印象的。

23　核兵器の基地

イギリス・オルダーマストンにある原子兵器研究所（ＡＷＲＥ）のこと。二〇〇八年にはこの平和行進から五十周年を記念してロンドン―オルダーマストン大行進が行われ、また二〇一〇年にも非暴力での封鎖が行われるなど、現在も平和運動の中心地となっている。

24　バートランド・ラッセル（一八七二―一九七〇）

イギリスの論理学者、数学者、哲学者。第一次世界大戦時から、平和を訴えるため精力的に発言し始めた。戦後、一度はアメリカの核による抑止力での平和を構想するが、相次ぐ水爆実験の悲惨な状況や米ソ間で高まる核開発競争を見て、一九五五年にラッセル・アインシュタイン宣言を提出。親友アインシュタインや湯川秀樹ら十一名の科学者と連名で核兵器の廃絶と科学技術の平和利用を唱えた。

25　被爆国の日本

太平洋戦争下、一九四五年八月六日に広島、八月九日には長崎へそれぞれ原子爆弾が投下された。以降、原爆・水爆を含む「核爆弾」が実戦で使用されたことはないが、核実験は他国牽制のための有力な手段としてこれまでに二千回以上も行われており、その頻度は一九六〇年代にピークに達した。

26　教養学部

東京大学のすべての学生は、入学してから二年間はみな駒場キャンパスにある教養学部に所属する。そして三年生からは文学部、理学部などに枝分かれして、専門課程に入ることになる。

27　茅誠司（一八九八—一九八八）

物理学者。一九五七年、東京大学総長に就任。一九六三年、総長退任間際の卒業式の告辞で「小さな親切」の重要性を取り上げ、社会現象を巻き起こした。「大学での学びで君たちは頭の中に百科事典を持ったがそれだけではいけない。例えば他人に道案内をするような『小さな親切』を持たねばならない。そうすることで、バラバラだった膨大な知識は、『社会人としての生活の中でそれをどう活かすか』という観点によって融合され、君たちの立派な人格形成へと繋がるだろう」という趣旨。ぜひ原文を一読されたい。

28　ＣＮＮ・ＢＢＣ

ＣＮＮはアメリカのニュース専門放送局Cable News Networkのこと。ＢＢＣはイギリスの公共放送局British Broadcasting Corporationを指す。日本ではＣＳ放送網などで両局の番組を視聴できる。

29　スピードラーニング

リラックス効果のあるクラシック音楽をＢＧＭに、英語→日本語の順に収録されたＣＤを聞き流すことで、「英語特有の音」を自然に聞き取れるようになる、とする主張に基づいた学習法がある。ただ、立花氏自身がこの方法によって外国語を習得したというわけではないだろう。

30　**第二外国語が必修**

東大では通常第一外国語を英語とし、第二外国語をフランス語・ドイツ語・スペイン語・中国語・韓国朝鮮語・ロシア語・イタリア語の中から選択する。

31　**語族**

文法や単語、音韻体系が似ていて、元となる言語（祖語）から分岐・派生・変化して生じたと考えられる言語をざっくりまとめた単位。英語をはじめ仏独西伊語が属するインド・ヨーロッパ語族、中国語系のシナ・チベット語族などがある。なお韓国朝鮮語と日本語は今なお言語系統が不明。

32　**『日本語大シソーラス』**

日本の類語検索辞典。大修館書店刊。千四十四のカテゴリー、更に意味の近さから合計一万四千の小語群に細分され、合計二十数万語を収録している。品詞や意味の同一性による形式的分類ではなく、連関関係によって語を縦横に検索できる構成となっている。

33　**良設定問題**

「解決できる問題」全般を指す。元来は数学の用語だが、工学や脳科学でも使われる。定義者であるジャック・アダマールによると、物理現象の数学的モデルが、①解が存在する、②解が一意に決まる、③解が初期値に連続的に変化する、という性質をすべて持つとき、そのモデルは良設定である。

34　意味論・統語論

両者とも、もと言語学の用語。意味論は、自然言語の形式的な部分ではなく、単語の意味、文全体の意味を問題にすること。統語論は、それぞれの単語や文の意味を無視して、文の構造、文法を議論すること。

なお、言語学では、意味論・統語論、そして語用論（言語表現とそれが行われる状況との関係を議論する）をあわせて「記号論」という。

35　ウィトゲンシュタイン（一八八九―一九五一）

オーストリアの哲学者。彼の哲学は前期と後期に分類され、前期では『論理哲学論考』において言語を頼りに人間の思考の限界を探った。後期では、自身の思考を批判し、主著『哲学探究』において「言語ゲーム」というさらに豊かな考えを生み出した。

36　知・情・意

知性・感情・意志のこと。カントはそれぞれ「私は何を知るか」「私は何を望むべきか」「私は何をなすべきか」の問いに当てはめて人間とは何かを理解しようとした。

37　I／O比

ここでは、ある個人がこれまで行ってきた情報の入力（Input）と出力（Output）の比率。例えばジャーナリストである立花隆なら、読書や取材で仕入れた情報量と、彼の書いた文章がもつ情報量の比率のこと。

38　糸川英夫（一九一二―一九九九）

工学者。日本のロケット開発・宇宙開発の父と言われる。小惑星探査機「はやぶさ」が着陸したことで知られる小惑星「イトカワ」の名前の由来。

39　大江健三郎（一九三五―）

小説家。一九九四年にノーベル文学賞を受賞。主な作品は『個人的な体験』『万延元年のフットボール』など。本文で言及されている時代（一九六〇年ごろ）は東京大学を卒業し芥川賞作家として活躍していた。

40　村上春樹（一九四九―）

小説家、英米文学翻訳家。『風の歌を聴け』（一九七九・講談社）でのデビュー後、『ノルウェイの森』（一九八七・講談社）をはじめとする多くのベストセラーを世に送り出した。日本国外での評価も高い。作家活動と並行して翻訳活動も積極的に行っている。

41　ドストエフスキー（一八二一―一八八一）

ロシアの作家。『罪と罰』『カラマーゾフの兄弟』などで、心に刺さるような人間の苦悩・葛藤を描いた。亀山郁夫氏による新訳の出版などにより日本でも再び注目が集まっており、特に後作は〝カラキョー〟という愛称でブームとなった。しかし、長編でカタカナ表記のロシア人名とそれの織り成す複雑な構成によって挫折する読者も少なくないという。

42『地獄の黙示録』
一九七九年制作のアメリカ映画。フランシス・フォード・コッポラ監督。ジョゼフ・コンラッドの小説『闇の奥』に着想を得て、ベトナム戦争を舞台とした作品。ジャングル奥地に自分の王国を築いたカーツ大佐を追うウィラード大尉の視点から、戦争の普遍的な現実を生々しく描いたことが評価され、一九八〇年のアカデミー賞を二部門で受賞した。ヘリコプターからワーグナーの『ワルキューレの騎行』を流すシーンが有名。

43『解読「地獄の黙示録」』
一九八〇年の映画（右注参照）日本公開時に『「地獄の黙示録」研究』という映画論文を発表した立花氏が、その二十二年後に再検討した作品。コンラッドの『闇の奥』、フレイザーの『金枝篇』、エリオットの『荒地』などを題材に本映画を解読した。

44 南部陽一郎（一九二一—二〇一五）
理論物理学者。アメリカ国籍を持つシカゴ大学名誉教授。二〇〇八年、素粒子の「対称性の自発的破れ」を発見したとしてノーベル物理学賞を受賞した。受賞会見で記者から発見の解説を求められると、「この会見会場で、みんなバラバラな方向を向いているが、物理学的にはどちらを向いていても良い。このとき既に対称性の破れが起きている。また、ひとりが違う方向を向くと、それが波となって全体に伝わり、みんなが一方向を見る。これも対称性の破れだ」と説明した。

45　吟遊詩人

詩曲を作り、各地を訪れて歌った人々を指す。ホメロスなど、古代ギリシャ時代の詩人の多くも吟遊詩人であったとされる。

46　『古事記』

七一二年、稗田阿礼《ひえだのあれ》が暗誦していた『帝紀《ていき》』（天皇の系譜）・『旧辞』（古い伝承、日本神話）を太安万侶が書き記し編纂したものとされている。心理描写はまったくない。イザナミ・イザナギの国産み（日本最古の性表現と言われる）、アマテラスが天岩屋戸《あまのいわやと》に引きこもる話、ヤマタノオロチ伝説、因幡《いなば》の白兎、などが特に有名。

47　グーテンベルク（一三九八？―一四六八）

ドイツの金属加工職人。ヨーロッパで活版印刷を実用化し、聖書などを印刷したと言われる。活版印刷が実用化される以前、書物は修道院や大学などでの写本によって複製されていたが、活版印刷の導入で飛躍的に生産性が向上し、書物が安く大量に作られるようになった。もともと貴族や僧しか所有していなかった聖書も広く普及し、聖職者たちの行い（十分の一税の徴収、免罪符の販売など）が聖書の教えと反することが一般民衆にばれてしまい、宗教改革の原動力になったという。

48　活版印刷

現在のようにコンピュータの画面上で文字を組むのが当然となる以前、例えば一万字の文章を出版するのに、一万個の文字印（活字）を組み合わせて印刷したという技術。

49　コンテンツ

メディアが伝達する媒体であるのに対し、コンテンツは伝達される対象を指す。テレビというメディアを通して伝えられる番組など。

50　『アバター』

3D映画のさきがけとなった、ジェームズ・キャメロン監督によるハリウッド映画（二〇〇九年）。構想に十四年、製作に四年を費やしたという。異種間戦争とそれを超克する愛、という型にはまった内容だが、描かれる異界の自然と3D技術の妙には眼をみはるものがある。

第四章　［進］

複雑さの収束点

次は、フリーマン・ダイソン[1]という人の本を紹介します。日本語訳は『多様化世界』となっていますが、原題は *Infinite in All Directions* で、「全方向に無限」という意味です。彼の著書でいちばん有名なのは『宇宙をかき乱すべきか』（*Disturbing the Universe*）ですが、この二冊は若いうちに一度は読んでおくことを勧めます。前者が一九八八年、後者が一九七九年に書かれた本で、年代的にはちょっと古い本ですが、これは技術社会の将来に関して書かれた、驚くほど洞察力に満ち溢れた本で、今でも読む価値が十分にある本です。アメリカでも、技術系の学生たちに今でも読まれ続けている本です。

ダイソンは基本的には物理学者なんですが、非常に視野が広くて頭がいい人です。*Infinite in All Directions* で書かれているのは、この我々の世界というのは、あらゆる方向、上にも下にも無限に深まることができるんだということです。だから、どのレベルでものを言おうか考えるときには、「どの方向で」「どれくらいの深さで」ということを常に摑んでおくことが大事になってきます。

この話のもともとの部分は、新潮社の『新潮』[2]という月刊雑誌に「東大講義① 人間の現在」としてずっと連載していたものから生まれています。そのうちの最初の十回分だけをまとめたのが『脳を鍛える 東大講義① 人間の現在』（二〇〇〇・新潮社）なんですが、まだあと二十回分ほど本になっていないものが残っています。いずれはちゃんと出版する予定ですが、その第二巻は、『東大講義② 進化のコスモロジー』（二〇二一年二月・『サピエンスの未来 伝説の東大講義』として講談社現代新書刊）と、タイトルだけ既についています。内容は、まず相対性理論の続きをやって、対称性の原理、この前戸塚洋二[3]さんの本で書いたようなことを入れて、群論の話、「ファインマン[4]の物理学」をやって、その後で、ジュリアン・ハクスリー[5]の話にページを割こうと思っています。そこからガイアの話、テイヤール・ド・シャルダン[6]（後述）に繋げるつもりです。

ちなみに、ジュリアン・ハクスリーという人は、ハクスリー兄弟の兄のほうで、非常に大きな進化論を提唱した生物学者です。「世界を永遠の相の下に見よ」と言った哲学者スピノザに対抗して「世界を進化の相の下に見よ」と言った人です。彼は驚くほどスケールの大きな思想家で、面白い論文をいくつも遺しています。

つまり、ハクスリーとシャルダンを素材にして、進化とはそもそもどういうことなのかというのを述べつつ、まさに「世界を広義の『進化の相』の下に見る」と世界はどう見えてくるかということを書こうと思っています。

この東大講義のシリーズのさらに後ろのほうではダイソンの話なんかも扱っていますが、特にこの『進化のコスモロジー』では、テイヤール・ド・シャルダンという人の思想を大きく取り上げているんですね。というのも、彼は普通の人が考えるよりもはるかにスケールの大きな、独特な進化論を展開していた人だからです。

この人が言うには、この世界というのは三つの方向の〝無限〟からできている。ひとつは大きい方向の「無限大」、もうひとつは小さな方向の「無限小」。その軸をどんどん進めていくと「無限大」の方向には銀河系や宇宙が、「無限小」の方向には分子や原子、クォーク[7]という素粒子[8]世界が広がっています。

そしてもうひとつ全然違う軸として、「複雑さ」という方向で進む無限があると言います。複雑性の無限が広がっていった先に生命現象や人間界の現象が出てくるんだ、と彼は言うわけです。しかもそれは必ず、複雑性があるレベルを超えるとそこに意識が誕生するという「複雑性意識化の法則」によって進んでいくというわけです。歴史的にみれば、「複雑さ」が進んだ結果として生物あるいは人間の意識というものが生まれてきたのだということです。

彼はそもそもは古生物学者で、北京原人[9]の発見者のひとりなんですが、化石に現れた生物進化の様相を丹念に辿っていった結果、生物が原生代、古生代のシンプルな生物群から、中生代、新生代のより進化した高等な生物群に進化していく過程で起きたパラダイムシフト的大変化（大進化）がなぜどのようにして起きたのか、その秘密をつかんだのだというわけです。それがその複雑性意識化の法則になるわけです。

さらにシャルダンは、これから先の進化の可能性についても言及しています。曰く、我々は今生命現象の極致として人間の世界に辿り着いてはいるけれど、まだこの先どんどん進化を重ね、複雑性意識化の法則に従って、人間はより複雑な脳を持つ新しい世代に代わり、より高いステージの意識を持つようになるというわけです。そしていずれはオメガポイントに至るのだ、というわけです。

オメガポイントとは何か。彼はそれをキリストの再臨と捉えています。人間の意識が最高のステージに上ったとき、それは人間が本当にキリストを再び迎え入れる準備ができたということを意味するから、キリストが再び人間の世界に降りてくると言うのです。かつてキリストが人間世界に降りてきたときは、人間の意識のレベルが低すぎて彼を理解することができず、これを十字架にかけて殺してしまった。それ以来、人間界はキリスト不在の場となり、キリストを信じる者のみが、彼の再臨を待ち望む場となっているが、人間がもっと進化して意識のステージを上げることができれば、人類全体の意識レベルが上がる。そのとき、それを「よし」とされたキリストが本当に再臨してくるというわけです。

シャルダンはイエズス会の修道士でした。イエズス会は十六世紀スペインに生まれた世界最大の修道会で、宗教改革によって新教徒諸宗派がキリスト教世界における中心勢力になったあと、それに対抗して起きたカトリック教会内の改革運動（反宗教改革、Counter Reformation）の中核となりました。そしてそれ以降、カトリックの中心的組織であり続けています。イエズス会は、コロンブス以後の大航海時代[10]にもっとも熱心に世界布教に乗り出したため、アメリカ、南米各国、アジア各国で強い勢力を誇っています。日本に来たキリシタンも、ザビエル[11]をはじめ、基本的にはイエズス会の修道士たちでした。

イエズス会が海外布教とともに力を注いだのが教育で、ヨーロッパの中等学校、高等学校は、一時期ほとんどがイエズス会の作ったものだったと言われています。ヨーロッパの文化史に残るような人々の伝記を読むと、圧倒的に多くの人が若いときにイエズス会系の学校で教育を受けていますが、それはその時代、学校らしい学校がそれしかなかったからです。

日本でも、徳川時代にキリシタン追放を図らなかったら、同じことが起きていたかもしれません。キリシタンが日本で布教を許されていた時期、彼らが真っ先に作ったのが学校だったからです。学校だけでなく、印刷機を持ち込んで印刷出版を始め、印刷物、いわゆるキリシタン版[12]の書物を通じての布教も行っていましたから、歴史の展開の仕方ひとつで、教育だけでなく情報メディア、情報産業まで彼らが支配してしまう可能性だってあったわけです。

イエズス会は、教育に熱心だっただけでなく、学問にも熱心でしたから、学問に身を捧げた修道僧が少なからずいました（今もたくさんいます）。日本には、イエズス会系の大学が上智大学[13]しかありませんが、欧米にはたくさんあり、教授は大部分がイエズス会の学者、修道僧です。欧米ではイエズス会の修道僧が、学問の世界で大きな影響力を持っています。シャルダンはそのひとりだったわけです。イエズス会の修道僧の基本的な生き方は、キリストに倣って生きることにあります。それはいつの日かキリストが再臨することを信じ、強く待ち望むということでもあります。

彼の思想には、そのような信仰が強く反映されているので、キリスト教信者でない人々にとっては、なかなか受け入れがたい部分があります。

とはいうものの、生物進化、人類進化の流れを客観的に眺めてみれば、確かにそこに複雑性意識化の法則が働いているように見えます。人類史、人類文化史の流れを辿ってみると、人間の意識がより高いステージにアップし続けてきたということもそれなりに当たっていたと言えるかもしれません。

戦争の時代など、大きく人間の意識がセットバックした時期も、短期的にはたびたびあったかに見えますが、大きくタイムスパンをとってその時代をもう一度大局的に眺め直してみると、結局人間の意識は向上してきたのだと言えそうです。

では、これからどうなるのかと言えば、僕はクリスチャンではありませんから、人間進化がオメガポイントに向かっているとは考えませんが、二十世紀から二十一世紀にかけて、複雑性意識化の法則が、別の次元に入りつつあるように思えます。それは、人間が人間個人で進化する時代から、人間集団として進化する時代に入ったということです。それと同時に、個体としても、個のベースとして石器時代以降持ち続けてきた「肉体と精神のアマルガム[14]系（一体複合系）」そのものが進化しつつあるのではないかと思っています。

それはどういうことかと言うと、僕は以前『電脳進化論』（一九九三・朝日新聞社）という本の中で、コンピュータがどれほど劇的に進化したかを書き、これからさらなる進化をどのように遂げようとしつつあるのかについて書きました。その副題は「ギガ・テラ・ペタ」と言います。現代はまさに、文字通りペタの時代に入りつつあるわけですが、それにともなって、社会全体としても、コンピュータとハイブリッドを組むような状態になり、意識変化が個人のレベルはもちろん、社会全体でも起きつつあるのではないか。それがただ今現在のいちばん大きな人間の進化の新しい様相ではないかと思うようになったのです。

　その行きつく先にどのようなオメガポイントが待ちかまえているのかはまだぜんぜん見えないというか、カオス的な状況にあるのです。そんな中で、頭の中がやっぱりカオス状態になっている奴もいれば、本当は頭も心もカオスそのもののクセに「オレにはすべてが見えている」と大言壮語する奴がいたり、そういう大言壮語者の出現にあわてふためいてPTSD[15]になってしまう奴が出たりというシッチャカメッチャカな状況が、今という時代なのではないでしょうか。

『ヨハネの黙示録[16]』に、この世の終わりがくる前に「自分こそは再臨したキリストである」と名乗るアンチ・キリストが出現してきて世を惑わせるが（それは実は悪魔なのだから）決して騙されないように、という予言がありますが、これも現代に重なっているような気がします。

種の起源

また、テイヤール・ド・シャルダンと一部そっくり重なる思想の持ち主として、ロシアのベルナツキ[17]という人が挙げられます。彼は、今の環境問題とかそういう思想の元祖でもあります。

一般向けの進化論の本といえば、スティーヴン・ジェイ・グールド[18]のものがいちばん有名ですが、彼に言わせると生物界の進化というのはとっくの昔に止まっているんだそうです。人間の進化にしたって何万年も前に終わっている、と言います。それが普通の進化論学者たちの見解です。

でもベルナツキは、現実問題としてそうじゃないということが進化の最先端の研究から実証できる、と言うわけです。生物の世界では様々な遺伝的変異が積み重なっていきますが、それがひとたび「より有利な生殖をもたらす」という生物学的な成功を果たすと、いよいよそちらの方向に変異が進んでいくことになる、そうやって生物界は動いている、というのがいわゆる進化の原理なわけですが、ベルナツキは現在もなお、この過程が進行していると言っています。しかしそれは当然ですね。生物が生きている限り、進化の流れが止まることはありませんから。

　今まで進化論の研究というのは、例えば化石のような、眼に見える生物の形象だけを頼りになされていたのですが、日本の木村資生《もとお》[19]博士が「進化の中立説」[20]という理論を提唱したあたりから、劇的に見方が変わるわけです。遺伝子そのものの進化が注目されるようになったんですね。以来、分子レベル、遺伝子レベルの進化というものを精密に検証していった結果、今や木村さんの説は基本的に正しいということが証明されています。こういう具合に、これまでとはまったく違う進化の姿が拓けてきたのが今の科学の現実です。

　それから面白いことに、全生物の遺伝子は、生命の歴史を通じてひとつのファミリーを形成していることが分かってきました。つまりマウスもラットも犬も豚も、ありとあらゆる生物がいろんな共通の遺伝子を持っていることが分かってきた。その繋がりによって生物はみなひとつのファミリーを形づくっていることが明確になってきたんです。したがって遺伝子を解析していくことで、それがもっと古い共通遺伝子からいつごろどのように分岐したかが分かってきます。その分析を続けていくと全生物の進化の系統樹を描くことができるわけです。

それを眺めているとほんとに面白いですね。すべての生物は結局、微生物を共通の祖先としています。細菌の古いものを古細菌[21]と言うんですが、古細菌のさらに古いところを探していくと、動物も植物もカビも微生物もすべての生物という生物がそこから出てきたという最終共通祖先に達することができて、それをコモノート[22]（commonote）と呼んでいます。

それは、これこそコモノートであると具体的にはっきりと同定された遺伝子の断片のようなものを見つけたということではありません。現存するすべての生物の遺伝子を解析していくことで、そのようなものが大元にあったに違いないと推定されている「共通特徴《コモン・ノー》点《ト》」なのです。それは三十八―三十五億年くらい前に誕生した一種の超好熱《こうねつ》細菌[23]であろうと推定されています。そのころの地球はまだ誕生したばかりで、熱水環境（八〇―一〇〇℃）があちこちにあり、生物はその中で誕生してその中で生き抜くことからその歴史を始めたわけで、その歴史的環境が遺伝子の中に刻印されているということなんです。

さてここで、共通遺伝子について、それがどのようにして「種の壁を超えて遺伝子が広がる」という現象が起きたのか、ということが疑問になってきます。普通は、遺伝子は種の壁を超えないからです。なぜなら、一般に種の壁は、交配によって守られているからです。種の壁を超えたセックスは通常起こらないんです。しかし、種の壁を超えて遺伝子が広がってきたという事実がある以上、どこかで種の壁を超えた混交[24]が起きたに違いないんですね。

例えば、実は我々の身体の中にはネアンデルタール人の遺伝子が若干残ってるんですが、それを分析していくと、ある時代において現生人類とネアンデルタール人とがセックスをして、種の混交が起こったに違いない、と推定されるんです。同じようなことは、野生種のチンパンジーとボノボの間でも起こっています。これもやっぱり遺伝子を解析してみると確認できるんですね。

種の混交というのはある意味、獣姦《じゅうかん》[25]の世界です。獣姦は、道徳的にあってはならないこととして排斥され、あたかもそんなことは起こらなかったかのようにみんな語っていますが、遺伝子の現実が証明しているのは、生物の何億年の歴史の中で、それが何度も何度も起きてきたということなんです。それは同時に、現実の生物世界の野生種の生態を検証していっても分かることなんです。

しかも、ある時から、種の混交に人間の手が加わることによって進化のスピードが驚くほど上がってきています。家畜とか植物とかその他諸々の生物の品種改良[26]のスピードというのは、それ以前と比べるととても速くなってきている。愛玩動物の世界だってそうですね。今街を歩いてると、異常としか言えないような犬[27]がいっぱいいるでしょう？　あれは全部人為的に作ったものなんです。業者が、とくべつ人に愛好されるような、例えば異常に小さい種なんかを作っては優先的に生き残らせるから生まれるんです。交配も無理やりやらせます。動物たちが望まないときは、人工授精させてまで、交雑種の子孫を作ります。

　こんな不自然なことを続けていくと、これからの生物世界というのはどうなっていくのか、何か薄気味悪いものを感じますね。

私より賢いスパコンが読み解けない私の頭脳

　少し違う話をしましょう。先ほどの「複雑化」の流れ（158ページ参照）のひとつとして、コンピュータチップの技術進歩を挙げることができます。今、コンピュータのチップにものすごいスピードで細かく手を加えることで、かつては考えられなかったような高精度のチップができつつあります。一昔前まではサブミクロンの回路幅[28]のチップはできないだろうと言われていました。ある幅を超えて小さくすると、量子力学的な干渉現象[29]を起こしチップとして役に立たなくなると予想されていたからです。

しかし、それを乗り越える技術が次々と開発されており、かつてはできないと言われていた四五ナノメートルのチップが実現しています。不可能だと思われていたことが、今日本が作りつつある次世代スーパーコンピュータ[30]のチップにおいて実現しているんです。

先日、神戸のポートアイランドにできた次世代スーパーコンピュータの運営拠点、計算科学研究機構に、最初のシステムボードが運びこまれるというので、その開所式と見学会にでかけてきました。

前にゼミ生の一部と、このチップの開発過程を富士通の沼津工場[31]で見学させてもらいましたが、あのとき見せてもらった計算機ボードがきれいな筐体に詰まって運び込まれ、広い計算機室の片隅でテレビカメラの集中砲火を浴びていました。広さ三〇〇〇平米のこの計算機室に、これからこのシステムラックが一カ月に四十台というペースで運び込まれていき、二〇一二年には全部で八百台を擁するシステムが完成する予定になっています。計画としては、二〇一一年度からテストランを開始し、一二年六月には当初目標であった一〇ペタ（一京《けい》）の計算能力を実現するそうです。一〇ペタで世界一が達成されるかといえば、達成されません。「なんで世界一にならなければいけないんですか、二位じゃだめなんですか？」の事業仕分けにおける蓮舫議員の攻撃に遭って、大幅に予算を減らされてしまったからです。

ただ、世界一はとれないとしても、このスパコンのために富士通が開発したSPARC64 VIIIfx[32]というチップは既に世界一という評価を得ています。現在線幅四五ナノのチップは世界で数種類できていますが、その中で消費電力当りでは、これがぶっちぎりで世界一の実効性能を出しているからです。

これが次の世代になるとどうなるかというと、ほぼ確実にペタ（一〇の一五乗）を超えてエクサ（一〇の一八乗）レベルのスパコンが登場します。アメリカではその予備設計が始まっていると聞きます。ユーザーの側でも実はいくつかの領域でそのクラスのコンピュータが必要とされています。先日行われた日本の次世代スパコン施設の開所式で、隣に座っていた人は製薬会社の新薬開発にスパコンを現に使っている人でしたが、「僕らの世界では、このクラスではまだ能力が足らんのですよ。新薬開発がスパコンのシミュレーションで本格的にできるようになるためには、能力があと数桁上がる必要があるんです」と言っていました。

この前、東大で人体の機能をコンピュータ上でフルにシミュレーションできるようにするプロジェクトを続けている人の話を聴いていたら、「まだやっと心臓が拍動するところをシミュレートできるようになったところで、これに全身の血管系をつけるだけで、あと数桁の計算能力が必要だし、肝臓とか腎臓とか脳とか、血管が多い臓器をつけていくと、それぞれ数桁上の計算力が必要になっていきます」ということでした。完全な人体全身シミュレータはエクサレベルのコンピュータでも無理で、エクサの三桁上のゼタ、あるいはさらに三桁上のヨタ（一〇の二四乗）クラスのスーパーコンピュータが必要になるということでした。

そういう必要性が出てくるのは、製薬とか医療、人体といったレベルだけではなく、もっとも身近なところにもあります。

例えば、電力供給システムのような社会的インフラです。

電気エネルギーは需要と供給が必ずしも見合っていません。供給が不足するときは急いで火力発電機を余計に回して供給量を増やしますが、需要より多く作りすぎた場合にはそれを捨てるしかありません。そこで、全国で電力の需要と供給を常にモニターしていて、いつでも需要と供給のバランスを合わせられるようなインテリジェントシステム（スマートグリッド）を作ろうという計画が世界中で立てられつつあります。しかし、そういうシステムを本格的に作りあげて効率よく稼働させるためには、驚くほどのコンピュータパワーが必要になると考えられており、まずは小規模な社会実験をしてみようというレベルの話に今はとどまっています。

　そういう研究をする過程で、実は全国の電線で繋がれた電力供給網の全貌があまりにも複雑なものになりすぎてしまったために、その全体像が誰にも把握できないものになってしまっているということが分かってきました。巨大ネットワークでは、設計者や管理者が予期せぬところが繋がっていたり、あるいは予期せぬところが切断されたネットワークになっているため、実際に通常とは異なる運用をしたときに思わぬ不具合が連続して起こり、システムがブレイクダウンしてしまう可能性があるのだということが分かってきたのです。

　例えば、〇六年に旧江戸川を航行中のクレーン船が、川の上一六メートルのところに張り渡してあった二七万ボルトの高圧送電線に、広げたアームをひっかけて切ってしまうという事故[33]が起こりました。そのとき、都内の、それもまったく思いもかけなかった地域数カ所で停電が発生して（うち一カ所がなんと証券取引所だった）、なかなか復旧しなかったという事件がありました。

同様の例として、〇三年に北米とカナダにまたがる地帯で起きた大停電[34]がよく挙げられます。実はこの停電については、いまだに本当の原因が何であったかは諸説あってまとまっていないのですが、樹木の枝と電線が接触したなどの事故から発生した連鎖反応的な小さな障害の広がりが、ついに巨大システムをブレイクダウンさせてしまったのだと言われています。

このように、現代社会を支えている巨大インフラには、実はこれらの事件と同じように、いつでも小さな障害から生まれる連鎖反応によってブレイクダウンを起こしてしまう危険性が秘められているのです。それを防止するためには、システム全体の働きをコンピュータでシミュレートしてみることが必要なのでしょうが、現実問題として、それが必ずしも可能ではない（システムの全体像を把握しきれていない、把握できたとしてもあらゆるケースを試すためには計算力が十分でない）という事情があります。

もうひとつ、計算力不足が心配される大きな分野は、人間の現実の経済行動を計算機でシミュレートできるかという問題です。リーマンショックに起因する世界的金融危機がなぜ起きたのか。もしそういう危機の発生をコンピュータシミュレーションで再現できたら、その防止策を図ることができるし、次の危機の発生を予測して警報を発することもできるようになります。

しかし、そのようなことは、計算量の問題ひとつとってみても、とても無理だろうと考えられています。人間の経済行動にはあまりに多くの変動要因のパラメータがあって、しかもそのパラメータのひとつひとつが主観的な曖昧《あいまい》さを含むものですから、コンピュータに乗せられるように定式化することが難しいのです。

計算したいアイテムのひとつひとつが多くの曖昧さを含む場合、その曖昧さをかけ合わせていくと、すぐに計算爆発[35]が起きてしまいます。コンピュータがいちばん苦手とするのは計算爆発ですから、こういう世界は計算機にそぐわないのです。経済学にはコンピュータを用いた試算が必須な世界もありますが、それはあくまで、曖昧さを含まない経済行為の世界であって、人の思惑といった人の心理の曖昧さが主役を演じる領域ではコンピュータは無力です。

同様に、例えば脳科学の分野にしても、神経細胞のひとつひとつの働きから、それが引き起こす最終的な人間の行動まで、そのすべてを読み解けるようになるかというと、その可能性はほとんどゼロだと思います。脳は〝もうひとつの宇宙〟です。人間の脳というのは非常に複雑かつ膨大なエレメントによって構成されています。それになにより、マルチエージェントという独特な仕組みを持っています。このマルチエージェントシステムというものを喩えてみると、第一次大戦期のハンガリーとオーストリアが想起されます。当時両国は、オーストリア＝ハンガリー二重帝国[36]というドッペルモナーキー（二重君主国）を築いていました。要するに、ふたつの国が一緒になってひとつの王冠を掲げるという妙な構造になっていたのです。

しかし、すべての人間は、ドッペルモナーキーどころか、多重な人格を頭の中に備えているのです。脳をいくつも持っていると言ってもいい。実際我々の思考というのは、しばしばあちらこちらへ飛ぶでしょう？　脳のある部分と別の部分とでは物事の見方がまるで違うのです。

そして今や脳研究は、脳の中にある一個一個の細胞からいっそう細かいレベルにまで及んでいます。その要素まで含んだ可変世界すべての可能性を探求することは、技術的に不可能です。例えば、脳の神経回路をすべてトレースして記述しようという仮想計画がずっと前からありますが、これは言ってみればヒトゲノム計画[37]と同じで、コンピュータ科学の世界におけるグランドチャレンジ[38]のひとつになっています。しかし、現実には複雑すぎて手がつけられない状態にあります。

こんないちばん基礎的なファクトにさえ複雑すぎて手をつけられないとなると、それ以上高度なレベルで何が起きているかなんて分かるはずがない。さらには、極めて多くのエレメントの間の相互作用にこそ、脳の世界のいちばん重要な要素事実があるはずなのにそこがまだ手つかずである。こういったことを考えても、そう簡単に脳の世界が暴かれることはないでしょうね。

遺伝子が絡んでくるともっと大変です。脳は神経回路を電気信号が走る情報系の世界であると同時に、多数の遺伝子の働きでバイオケミカルな現象が起こる生化学系の世界でもあります。

あるひとつの遺伝子が脳の中のどこにあるか、そしてどのように働くかというのは、現在のバイオケミカルの方法を使えばある程度トレースできます。しかし、その遺伝子のすべてをリアルタイムで一挙に捉えるなんてことはできません。まだ遠い遠い夢です。それに、遺伝子のひとつひとつがそれぞれにバイオケミカルな現象を起こすわけですが、それらの現象はミリ秒単位で生起し変化していきます。その変化を一定の時間幅を以て動力学的に捉えなければならないはずなのに、それもできません。つまり、ひとつの遺伝子だけを追うという一次元世界なら、瞬間写真を撮るというかたちで覗き込むことはできます。

しかし、脳の中で働いている遺伝子はひとつやふたつではなく、数万あるんですよ。まだまだ個々の遺伝子の要素解析的な研究を、おそらく数年単位で積み重ねていかないと、高次の脳機能の世界における複数の遺伝子の作用と相互作用の解明に進めないと思っています。そういう現状を見ないで夢ばかり大きすぎる研究者は、途中で間違いなく挫折するでしょうね。

誰しも、いろんな時期にいろんな人生の選択をして、具体的な人間存在になっていくわけです。僕自身、いろんな可能性のひとつとして研究者生活に興味があった時期もあるけど、今になってみれば、絶対やらなくてよかったと思いますね。あとあと取材するようになってはじめて、ものすごく大変だということが分かりました。

研究者として成功するには、自分が考えていることが現実にぴしっとはまって、しかも自分が考えていることをそのまま実現できるような方法論に出会えて、さらに研究領域自体がその時期ちょうど盛り上がっていて結果を出すとすぐに評価がついてくる、というように三拍子も四拍子もそろっていないといけない。結局、研究業績というのも様々な出会いの集積ですから、ほとんどの研究者は世界を驚かすような研究なんかできないで一生終わるんです。だから、研究生活に突入するときには、そういう一生で終わっても自分として悔いがないかどうか、よほど事前に考え抜いて覚悟を決めておかないといけません。

研究者に限らず、いずれ君たちも何らかの職業生活に入らなければいけないときには、不遇な時代も必ず来るし、それがどれだけ続くのか分からないということを勘定に入れて、そこにいれば心理的なストレスがかからない、それをやっていることが嬉しい楽しいという職業を選ぶことが一番だと思います。そういう意味では、僕は取材をすることと文章を書くことがまったく苦にならないから、いい領域を選んだということですね。

［第四章　注］

1　フリーマン・ダイソン（一九二三―二〇二〇）
　イギリス生まれ、アメリカの理論物理学者。素粒子、宇宙物理が専門だが、数学界やアメリカの科学技術戦略における貢献も大きい。『宇宙をかき乱すべきか』は彼の自伝。他にも著書多数。

2　『新潮』
　新潮社の月刊文芸誌。立花氏は一九九七年から二〇〇二年まで、「東大講義」を連載していた。

3　戸塚洋二（一九四二―二〇〇八）
　実験物理学者。カミオカンデで超新星ニュートリノを捉えた実験の当時のリーダーだった。立花ゼミでは、二〇〇八年秋のＮＩＮＳ（自然科学研究機構）シンポジウム開催にあわせ、戸塚氏へ取材を行っている。逝去直前のことで、当時既に容態の悪化ははっきりしていた。彼は日を追うごとに悪化していく自らの病状をつぶさに観察し、ブログ上で報告していた。『がんと闘った科学者の記録』（二〇〇九・文藝春秋）はその記録を立花氏が編集・再構成したもの。

4　ファインマン（一九一八―一九八八）
　アメリカの理論物理学者。「科学は面白くなければならない」との信念を持っており、独特の話術・ユーモアをもって難解な概念を分かりやすく伝えたことで有名。物理の講義を収録した教科書『ファインマン物理学』シリーズは名著として名高い。多数のエッセイでも知られ、来日の際に「不敗魔」と名乗るなど逸話も多い。物理学者としては、量子論の分野で、経路積分法やファインマン・ダイアグラムの発案などで知られる。

5　ジュリアン・ハクスリー（一八八七―一九七五）

イギリスの進化生物学者。作家や科学者を多数輩出したことで知られるハクスリー家の出身。ダーウィンの提唱した自然選択説を基に総合進化説の形成を促した。また、ユネスコや世界自然保護基金（ＷＷＦ）など、国際機関の活動にも積極的に従事した。

6　テイヤール・ド・シャルダン（一八八一―一九五五）

フランスのイエズス会修道士。地質学者、古生物学者としても活動し、北京原人を発掘するに至った。彼の提唱する進化論をまとめた著作が、死のわずか三日後に発表された『現象としての人間』であるが、その思想は当時のキリスト教界では異端とされた。

7　クォーク

現時点で物質の最小構成要素と考えられている素粒子の種類のひとつ。陽子や中性子を形作るアップ、ダウンの他に、チャーム、ストレンジ、トップ、ボトムの計六種類がある。

8　素粒子

「物質を分解していったときにこれ以上分解ができない最小単位」という意味で、実際にこの言葉が指す対象は科学の進歩とともにより小さなスケールの粒子へと移っていった。現代では

「素粒子」というと電子・クォーク・ニュートリノ（三種類）などを含む計十二種類の粒子たちを指すことが多い。今後も、研究の進展によって「素粒子」の定義が書き換えられる日がやってくる可能性は大いにあるといえるだろう。

9　北京原人

一九二九年に北京近郊で発見された原人。しかし一九三〇年代の日中戦争による混乱で、当時発掘された化石の現物は行方不明である。

10　大航海時代

十五世紀中頃から十七世紀中頃にかけての、ヨーロッパ人によるインド、アジア大陸、アメリカ大陸への植民地主義的な進出の時代を指す。

11　ザビエル（一五〇六―一五五二）

イエズス会創始者の一人。東洋への布教に努め、日本にはじめてキリスト教を伝えた。

12　キリシタン版

近世初期にイエズス会によって日本を中心に流通した、ローマ字、漢字及び仮名を含む印刷物の通称。イエズス会教団の教育事業の一環として行われた。当時の日本語口語がローマ字表記されている点で、言語史的に貴重な資料である。

13　上智大学

東京の私立大学。一九一三年、イエズス会により設立された。キリスト教の精神を教育理念としている。

14　アマルガム

アマルガムは水銀合金のこと。水銀は常温で液体である唯一の金属だが、他の金属と液状だったり、あるいは非常に柔らかかったりする独特の合金を作る。

15　PTSD

日本語では心的外傷後ストレス障害。自分自身が死の危険性にさらされたあとに起こるさまざまなストレス障害のこと。原因となった出来事のフラッシュバック、現場や関連するものに対する回避行動、不安・不眠などの覚醒状態が主な症状。

16　『ヨハネの黙示録』

新約聖書の最後に配された予言的性格を持つ書。ヨハネと名乗る著者が終末において起きる出来事の幻を見たと語る。解釈と正典への受け入れを巡って、キリスト教徒間でも多くの議論を巻き起こしてきた。

17　ベルナツキ（一八六三―一九四五）

ソ連の鉱物学者、地球化学者。エドアルト・ジュースの考えた「生物圏」の概念を、今日の科学において使われている意味に拡大した。また地球が発達する段階を「無生物の物体」、「生物圏」、意識及び知能を持った存在としての「叡智圏」の三段階に分けた。これにより生物の進化を、生物自体の進化としてではなく、地球全体の進化であると考えた。

18　**スティーヴン・ジェイ・グールド**（一九四一―二〇〇二）

アメリカの古生物学者。ダーウィニズムの「常に連続的に進化が進む」という説を批判した。生物の歴史は進化が活発に起こる短い時代と、進化があまり起こらない長い時代とに分かれているとする、断続平衡仮説を提唱した。代表作『ワンダフル・ライフ』を始め様々な分野の科学啓蒙書を記し、一般社会への影響力は大きい。

19　**木村資生**（一九二四―一九九四）

集団遺伝学者で進化の中立説の提唱者。日本人で唯一のダーウィンメダル受賞者。ダーウィンメダルはイギリスの王立協会が授与する、生物学における世界的権威を持つ賞。

20　**進化の中立説**

ほとんどの進化は、生物の形態に影響を与えない小さなものである、とする説。その進化は生存に有利にも不利にもはたらかないため「中立」。

21　**古細菌**

現在の生物学で生物種を大別する三つのくくりのうちのひとつ。外見は細菌に似るものも多いが、一般に細菌やバクテリアなどは含まれず、極限環境に棲む、我々にはなじみの薄い生物が含まれる。進化の系統としては、名前や見た目から想像される細菌よりも、動植物と近縁だと考えられている。

22　コモノート

すべての生物の、遺伝の仕組みを備えた最古の共通祖先のこと。東京薬科大の山岸明彦《あきひこ》教授が提唱。同じ意の語は他にも多く提案されている。

23　超好熱細菌

一般的に八〇℃以上の温度でもっともよく増殖する細菌を指す。多くが嫌気性で、火山地帯の硫気孔や温泉、浅海の硫気孔、深海熱水噴出域などに生息する。もっとも原始生命体に近い存在とされている。

24　混交

ドイツのマックス・プランク進化人類学研究所を含む国際チームが二〇一〇年五月七日付けの米科学雑誌サイエンスに発表したところによると、クロアチアで発見された約四万年前の旧人の骨から採取されたＤＮＡのゲノムを六割程度解析したところ、フランス人や中国人のゲノムに似ていることから現生人類のゲノムの一部が旧人由来であることが判明した。

25　獣姦

旧約聖書に「すべて獣と寝るものは必ず処刑される」という記述があるのをはじめ、多くの宗教で弾圧の対象となってきた。しかし一方で、ギリシャ神話のゼウスや遠野物語のオシラサマ伝説など伝説や文学で題材ともなっている。二〇一〇年に、世界の獣姦ポルノの八〇パーセントを生産していたオランダで獣姦行為が（虐待を伴わずとも）違法となったため、今後の動向が注目される。ちなみに日本国内では獣姦自体が処罰の対象となることはない。

26　品種改良

人為的に種の交配・選択などを行って、人間に必要があるものを作りだすこと。例えばホルスタインの泌乳量は、三、四十年前までは一日一〇キロ超だった。これでも、生む子牛の一日に飲む重量が五キロ程度であることを考えると異常だが、今では一日五〇キロ以上を出す牛も珍しくない。

27　異常としか言えないような犬

例えばブルドッグは、その大きな顔の愛らしさが人気だが、頭が大きすぎて母親の骨盤を通らず、自然分娩ができない。そのため、「帝王切開が必須」という自然界では考えられない性質を持っている。

28　回路幅

半導体上に作りこまれた電子回路の配線の幅。これが小さければ小さいほど、同じ面積の材料の上に高い密度で回路を作ることができる。

29　量子力学的な干渉現象

回路が小さくなりすぎると、量子力学的な効果が無視できなくなり、電流が回路から漏れるといった現象が起きる。この現象をトンネル効果という。量子力学では電子の位置は確率的にしか決定されず、その確率は近くに壁のような障害物があったとしてもゼロではない。つまり壁で囲まれたような閉じた場所にいる電子がその後、壁の外側に存在している可能性がある。したがって回路の一部に閉じ込められている電子があたかもトンネルをすり抜けるようにして部品の外に漏れ、回路の機能が低下する。

30　スーパーコンピュータ

きちんとした定義はないが、「その時代の最高水準の規模と計算能力を持つコンピュータ」程度の意味で使われている。大規模な数値解析やシミュレーションに活用される高速大容量処理の可能な巨大なコンピュータ。非常に複雑化した今日の科学技術研究開発、特に創薬などのバイオ分野では重宝されている。日本はかつて「地球シミュレータ」で処理速度一位を誇ったこともあるが、現在はアメリカの下に甘んじている。国家の威信を賭けた開発事業は二〇〇九年度の事業仕分けであわや中止となるところであったが、何とか予算を獲得した。

31　富士通の沼津工場

理化学研究所と富士通が主体となって進めている次世代スーパーコンピュータ開発計画（愛称は「一〇ペタ」を表す接頭辞の「京」、英語では“K computer”）の製造で中心的な役割を果たしている工場。

32　SPARC64 VIIIfx

一般に売られているパソコン用のチップと単純に比べて三倍から三十倍ほど速い。またおなじ電力で計算できる能力という基準で比較すると、同世代のスパコン用のチップと比較して二倍ほど性能が高い。「京」ではこれを八万個以上同時に使って計算を行う。

33　事故

二〇〇六年八月十四日の午前七時三十八分頃、東京都江戸川区南葛西と千葉県浦安市の間を流れる旧江戸川で、三国屋建設所蔵のクレーン船が東京電力の特別高圧送電線「江東線」に接触し、首都圏（東京・神奈川・千葉）で合計百三十九万世帯が停電に陥った事故。

34　大停電

二〇〇三年八月十四日に、アメリカとカナダの東部で起きた原因不明の大停電。復旧には二日――一週間を要し、両国で合わせて五千万人に影響が出たと言われる。国際経済の中心であるニューヨークも被害を受けており、ＡＰ通信によると事故損害額は四〇億――六〇億ドルに上るという。

35　計算爆発

計算科学の分野で重要な概念として「計算量」というものがある。これは、ある規則（アルゴリズムと呼ばれる）に従って手許にあるデータから欲しい答えを算出するまでに必要な計算（数量の足し引きといった操作）の回数を表すもので、実際の計算にかかる時間に比例する。つまり、与えるデータと欲しい答えが同じであれば、計算量が少なくて済むアルゴリズムほど優れているとみなせるのである。

計算量は普通、入力するデータの個数をn個としたときのnの式（例えばn^2+nなど）で表される。異なるアルゴリズムが考えられる場合はこの式の値の大小を比較することで、どのアルゴリズムが優れたものかを判定できる。

つまり、計算爆発とは、ある問題を解くさいに、入力の個数nが増えるにしたがって計算量が爆発的に大きくなってしまうようなアルゴリズムしか発見できていない状態をさしている。論理的には求めるデータとそれにいたるまでの手続きがはっきりしているものの、それを実行するのに必要な手数や時間が圧倒的に多いため、実質的に答えが求められないという困難に陥っているのである。このような場合、より優れた（計算量の少ない）アルゴリズムを発見することによってしか、研究の進展は望めないということになる。

36 オーストリア＝ハンガリー二重帝国

十九世紀半ば衰退したオーストリア帝国で、支配層のドイツ人が帝国内のマジャール人（ハンガリー人）と妥協（アウスグライヒ）することによって成立した連合国家。オーストリアとハンガリーは国王（皇帝）・外交・軍事・財政を共有したが、その他の点では双方が独自の議会のもと政治を行った。第一次世界大戦敗北により解体。

37 ヒトゲノム計画

人の遺伝情報をすべて解読しようという試みで、二〇〇三年に完了した。その内容はウェブ上で公開されており、誰でも利用できる。ただ、「利用」とはいっても生データは単なるA・T・G・Cという四種類の記号の羅列でしかないので、その配列の意味を解釈する必要があり、そのためのプログラムも多数開発されている。

38　グランドチャレンジ

チャレンジは「難問」「課題」という意味。もし解決すれば研究開発における革新となるであろう挑戦的な問題・課題をこう呼ぶことがある。例えば工学分野では、「飛行機のように空港から飛び立ち、そのまま宇宙に行って帰って来られる宇宙船の開発」など。

第五章 ［考］

作ってみないと分からない

では、ちょっとヴィーコ[1]の話をしましょう。

彼の遺した言葉の中でいちばん有名なのは「真理とは作ったもののことである」（“Verum ipsum factum”）というものです。これにはいろんな解釈がありえますが、手っ取り早く言えば「なんでも作ってみなければ分からない」ということなんです。コンピュータにしても料理にしても、自分で作ってみてはじめてその仕組みが分かってきます。子供にしても、自分で作って育ててみてはじめて人間とは何なのかが見えてきます。伝聞によって分かった気になっても、実際のところそれが何なのか十分には理解できない場合が多いから、「まずは作ってみろ」ということなんです。

ヴィーコはデカルトよりも少し後の時代の人で、この「作ってみないと分からない」という言葉も、もともとはデカルト的な考えに対する反発からきています。彼の面白いところは、いろんなかたちでデカルトへの反論を展開したことですね。

中でも、彼のいちばん有名な著書である『新しい学』[2]（一七二五）の冒頭に描かれていた口絵は、殊に注目に値します。中央に描かれた天球はphysicsつまり物理学的世界です。そしてその上に乗っているのがmetaphysicsつまり形而上学《けいじじょうがく》[3]です。特筆すべきは、この形而上学が天球の上に半分程度しか乗っておらず、半分は落っこちてしまいそうな状況にあるということです。彼はこの絵をもって、物理学的な自然世界は観照する（見る）ことによってメタフィジカルな真理を発見できる、とする哲学者たちのクラシックな見解に対して、物理学的自然世界は神様が作ったものだから観照するだけでは分からない、と主張したのです。

『新しい学』の口絵

言い換えれば、「物理学的自然世界を作ったのは神様だから、世界のすべてを理解できるのは神様だけだ」「人間は世界を作ったわけではないから、人間が自然世界をただ見ることだけで真理に到達できるとするのは無理だ」というわけです。これは一言で言えば、ただひたすら考えることによって人類永遠の真理に到達したとするデカルトへの、「そんなこと神様じゃないおまえにできるはずがないじゃないか」という皮肉に他なりません。

逆に言えば、人間が理解できるのは人間が作ったものだけだということです。つまり社会や神話や文学といった、人間が関わることによって生まれたものだけだと言うのです。しかしこれまでの哲学は、そういったものをしばしば無視してきました。より高い真理に至るためには、そんな卑俗なものは視野に入れないで、もっとピュアで抽象的なものを考えていくべきだ、と言われてきたのです。

しかしヴィーコは、『新しい学』の中で「本当の形而上学というのは、人間が作ったものを通じて真理に辿り着こうとする営みである」と主張したわけです。実際、彼は人文学的な世界から人間社会、文明社会に至るまで、あらゆるものを考察の対象に入れていき、しかも人間社会の歴史や現状に〝神様〟そのものが現われてくるはずだ、とまで言っています。

引用を踏まえてまとめると、これまでのような「自然秩序を介してのみ、神を観想しようとする」やり方では真理の一部分しか明らかにできないから、「人間のもっとも人間的な部分、すなわち人間が社会的存在であるという、このもっとも特質的な人間本性を介して、神を観想するということ」こそが重要なのだ、ということになります。

ヴィーコ以前の哲学はあまりにも抽象的なことばかり考察していましたが、彼以後、哲学は人間社会に関係のあるすべての物事を考察の対象とするようになって、一挙に世界が広がっていったのです。社会思想、社会哲学、歴史哲学、文化哲学、文明哲学などなど、実り豊かな今日的哲学の大部分はヴィーコが押し広げた『新しい学』の末裔として栄えているのです。

別の言い方をすると、ポパー[4]の「世界1」「世界2」「世界3」という対象世界の大分類がありますね。世界1というのは、自然世界、サイエンスが対象とする世界です。世界2というのは、人間の観念世界。主観的意識内の世界です。デカルトの「我思う、ゆえに我あり」の、「我思う」の世界です。かつての哲学は、もっぱら、この世界が考察の対象でした。それに対して世界3は、もろもろの観念が実体化した、人間が作りだした世界です。ヴィーコの『新しい学』は、この世界3を哲学世界に取り入れたものといえるわけです。

明らかに明らかでない世界

「我思う、ゆえに我あり（Je pense, donc je suis）」——これは誰でも知っているデカルトの言葉で、これに関しては僕は『東大講義』の中で相当詳しくやっているので、ここではあまり説明を加えませんけれども、デカルトが『方法序説』[5]の中で言おうとしているのは、簡単に言うとこれだけのことです。

彼の書いた『方法序説』は読みやすくて面白く、しかも薄い文庫本ですから、ぜひ一度手にとってみることをお勧めします。

先ほど述べたように（38ページ参照）、デカルトという人はもともと数学者的な色彩の濃い人でした。解析学[6]の方法を確立した、つまり中学校で習うような「$x-y$平面に座標軸を取ってグラフを描いて考える」という一連の数学技法の流れを考案したのは彼です。つまり、デカルトが模範としている推論過程は幾何学からきていますから、『方法序説』というのも、実は幾何学[7]の方法のことなんです。

彼の基本的発想は、人間の思考をすべてユークリッド幾何学をモデルに組み換えれば、すべてがスッキリするに違いないということで、それを実践したということなんです。だ

■『方法序説』4つの要点

1. 明証性の原理
2. 問題を分割して分析せよ
3. 分割分析の結果を総合せよ
4. 枚挙の規則

から、『方法序説』を「ユークリッド幾何学における正しい推論の方法」または「ユークリッド幾何学における正しい証明の方法論」と読みかえてみれば、すべて納得できます。

そもそもデカルトのすべての哲学的推論の根底にあるのが何かと言うと、「明証性の原理」なんです。一言で言えば、「誰の目にも明らかに真なるものは、真であるとしていい」ということです。誰の目にも明らかに真だったら、証明なしで真としていいということです。幾何学においては、公理が公理として受け入れられる根拠を問い詰めると、それが明らかに真だからという以外にないんですね。公理は証明なしで真なんです。要するに、デカルト哲学の最大のエッセンス「明証性の原理」はただの循環論法なんです。

ユークリッドの幾何学で言えば公理は五つしかありませんが、この内五番目の平行線の公理が後に否定されて、非ユークリッド幾何学が生まれ、そこから現代数学と現代物理学の新しい地平が開けました。数学の世界では、それくらい公理と明証性の問題が厳しく扱われたから良かったのですが、それ以外の世界では、この明証性の原理がもっと杜撰《ずさん》に使われるようになり、そこから知的世界の退廃がどんどん進んでいきます。

例えば、神の存在です。神の存在は、それを信ずる人々にとっては「誰の目にも明らかに真」だけど、信じない人々にとっては、そんなことはありません。マルクス主義を信じる人にとっては歴史が階級闘争史であることは「現実の歴史の流れを見れば、誰の目にも明らかな真実」であったはずですが、マルクス主義を信じない人々にとっては、そんなことは「まったく明らか」ではありません。ということで、明証性の原理は、自分の主張の正しさを厳密な証明なしで済ませたい人々によって、どんどん多方面に拡張適用され、あらゆる領域で、あらゆる党派のあらゆる杜撰な主張に応用されて、今日に至っています。

なぜそれほど杜撰になったかと言えば、もともと「明証性の原理」の根拠が循環論法でしかないという杜撰さがあるからです。君たちも、これから杜撰な主張をしたいときは、どんどんこの原理を利用して、「○○であることは、誰の目にも明らかな真実であります」とやることができますが、あらゆる領域において、厳密な論戦をやろうとするときに、このタイプの主張をしても、何の役にも立たないということは覚えておいたほうがいいでしょう。あらゆる領域に、デカルトより頭の良い人はいくらでもいるということです。

「困難は分割せよ」というのが『方法序説』のもうひとつの重要な教えで、この方法論を要素還元法と言います。そしてデカルト以後あらゆるサイエンスがこれを原理としてきましたが、現実の問題は必ずしもきれいに要素に還元できるというものではありません。[8] また、要素に還元したあとに残された個々の要素の問題に対してどんなふうに対処していくかということも、そう簡単には見えてきません。結局『方法序説』は、こういったようなことをもっともらしくくだくだ書いているだけで、それほど中身がある本ではありません。

ただ、覚えておいていいのは、この四番目の「枚挙の規則」です。「見落としをしていないか」「全部調べたか」ということを最後に見直せ、という意味ですね。これまた幾何学の証明をするときのルールのひとつですが、実用的にも大いに役立ちます。現実の問題にぶつかった際にも、見直し、見落としの有無の慎重な検討を怠るといろいろやっかいなことが起きます。

大事なことは、デカルトの時代はあらゆる意味で終わったとハッキリ認識することです。デカルトが正しいという認識の上に学問世界が成立していたのは十九世紀までで、二十世紀はあらゆる意味でデカルトの誤りが証明されていった時代だったと言えると思います。

二十世紀初頭に起こった物理学の革命といえば、量子力学とアインシュタインの相対性理論です。アインシュタインの物理学は、ニュートンの物理学を否定するところから始まるわけですが、それは数学的には、ユークリッド幾何学の世界から非ユークリッド幾何学の世界への移行を意味します。アインシュタインの物理学革命は、空間の捉え方の革命でした。ニュートン物理学は世界を等質性、等方性を保ったまま無限に広がるユークリッド空間（デカルトはそれを「物質の本質は延長にある」と表現した）と捉えていたのに対して、アインシュタインは、空間は等質でもなく、等方でもなく、ある曲率をもって存在している（曲がっている）として、そこはユークリッド幾何学的空間ではなく、リーマン幾何学的な空間であるとしたのです。

要するに、二十世紀以前の知的世界像は、ニュートン力学、デカルト哲学、ユークリッド幾何学が三位一体をなして支える古典的自然科学世界像が基盤をなしていたのですが、それが次第に崩れていったのが二十世紀という世紀だったのではないかと思います。そしてその中で、ユークリッド幾何学の平行線公理のような誰も疑ってもみなかった公理の存在がいつのまにか崩れてしまうということが、何度も起きていったわけです。その中でいちばん大きなできごととして挙げられるのは、やはり量子力学の不確定性原理だろうと思います。

不確定性原理を証明する実験は、二重スリットの実験をはじめいろいろありますが、いずれも常識で考えると不思議としかいいようがないような現実を示してくれます。特に日立中央研究所の外村彰《とのむらあきら》（一九四二―二〇一二）が行った実験は非常に厳密な実験で、どう否定しようもなく不確定性原理が成立することを証明し、以来ずっとノーベル賞候補に挙げられ続けています。

僕は、あの原理は言ってみれば人間の思考のいちばん底の底にある基本原理たる自同律の否定に等しいことではないかと思っています。自同律とは、ＡはＡであって非Ａではないということです。もし、Ａが非Ａであってもいいとなると、そもそも人間の論理的思考はまったく成りたちませんから、自同律こそ論理学の公理中の公理とされています。

しかし、不確定性原理の実験事実が証明していることは、そのものがそこに本当に存在しているかどうかは確率をもってしか語れないということです。現実が存在と非存在という、まったく矛盾する事態のどちらであるかが、プロバビリティをもってしか決められないという実験事実そのものが、実はデカルト哲学の根幹部分と真っ向から対立します。

なにしろ「明証性の原理」というのは、裏を返せば「真理の蓋然性《がいぜんせい》」をいっさい否定するということです。しかし現実には、いくら実験を繰り返しても、原子核のまわりにいるはずの電子の具体的な位置については、蓋然性をもってしか語れないということが分かっています。つまり、一定領域内に存在はしているが、具体的にいつどこにどう、ということは明確には摑めず、存在確率というかたちでしか語りようがないということです。

だからかつては、原子の構造を、原子核とそのまわりを巡る電子、ということで太陽のまわりを巡る惑星のような描像で捉えていたのに、最近はそういう表現では嘘になるということで、電子を一定の領域内をただよう電子雲として表現することが一般的になっています。このように、そこに存在するはずのものなのに存在確率の雲としてしか表現しようがないという事実そのものが、現代科学の最先端では厳密な自同律が否定されざるを得ないのだ、ということを示しています。

ここで思い出されるのが、九七年に亡くなるまで哲学小説『死霊』を書き続けた作家の埴谷雄高（88ページ参照）です。あの小説のメインテーマは、副題にもあるように、「自同律の不快」にありました。あの小説を読み直すたびに、もし埴谷さんが生きていて、先の外村さんの実験を目にするチャンスがあったら何とコメントしただろうと興味津々です。

問題は、量子力学の実験だけではありません。もっとリアリティある我々の日常的現実世界においても、「明証性の原理が適用できるほど明快なかたちでは示せないけれど本当らしい（多数の人が本当と信じている）事実」は山のようにあります。というよりは、世の中の問題のほとんどはそのようなプロバビリティの世界にあるんです。だから、絶対確実なもののみを真理とし、〝かもしれない〟ものを真理に非ずとして切り捨てちゃうと、ほとんどの問題を取りこぼしてしまうことになります。デカルトが金科玉条とする明証性の原理をあらゆるものに当てはめようとすると、人間世界の問題は全部消えちゃいかねない、ということです。

　ヴィーコはこの点を強調しています。なにしろ、彼が大事にした人間的・社会的な問題、その他人文科学の領域においては、およそ明証性の原理なんて当てはまらないことばかりです。そこで、むしろヴィーコは、人間社会はすべてが蓋然性に支配されている、絶対確実な真理などというものはない、と主張したわけです。だから蓋然的な真理もそれなりに区別して、それなりの方法論をもって扱えばいいんだ、と。そうやって人文社会の世界を丸ごと拾い上げたんですね。今日人文科学の諸領域がアカデミーの中に入り、自分たちも科学でございますという顔をしていられるのはヴィーコのおかげです。

　もっとも、今は人文社会だけじゃなくて、自然科学の学問も、多くが蓋然性を扱うようになっています。例えば、蓋然性を扱う数学の分野として、ベイズ統計[10]があります。

「考えること」について考えてみると

ベイズ統計の前に、ちょっと推論についての話をしておかなければいけません。

日本語では推論について語るときに、演繹《えんえき》とか帰納《きのう》といった非常に難しい言葉を使いますね。これだから論理学が分かりにくくなっちゃうんです。しかし英語で言えばそれらの用語はなんでもなくって、演繹は deduction、帰納は induction です。duct というのは「筒」だから、deduction は「筒から引き出す」、induction は「筒の中に突っ込む」という意味です。明治時代にこの訳語を作った西周《にしあまね》[11]の説明によれば「演繹とは猶《なほ》字義の如く、演はのぶるの意、繹は糸口より糸を引き出すの意」とあります。英語にも漢語にも通暁《つうぎょう》していた西は、原義を承知したうえでこの訳語を当てていたんですが、その後この言葉を使う人々は、原語が deduction や induction であることなどまるで知りません。

しかし、要するに演繹や帰納なんていうのは、ただ単に duct に突っ込むか引き出すかってだけの話なんです。さらに、仮説推論 abduction という推論のやり方もありますが、これは「ある仮説を立てるとある推論が成り立つ」ということですね。ab- は離脱を意味する接頭語ですから、deduction、induction の duct からきっぱり離れてしまって、仮説

■推論の種類

演繹………deduction
帰納………induction
仮説推論…abduction
要素還元…reduction

に頼る推論に行ってしまう、ということなんです。

ここで、その正しさが論理的に保証される三段論法的な厳密な推論はdeductionだけだ、ということを知っておく必要があります。inductionつまり帰納法は一般に科学の原理として用いられていますが、論理的に厳密に考えると、真なる証明にはなりません。帰納法というのは一言でいうと、「あれもこれもそうだから、みんなそうだろう」というような、その本質において相当いい加減な推論になっているからです。

しかしリアルサイエンスは数学ではありませんから、必ずそういう曖昧な部分があるんですね。もし、本当に厳密な推論たるdeductionしか使わないとすると、形式論理[12]しか成り立たなくなります。deductionというのは結局トートロジー（同語反復）でしかないんです。これがウィトゲンシュタインの哲学の、基本的な命題のひとつですよね。だから我々は、知的推論とその正しさについて語りだすと、だいぶ正しさに限界がある（推論の正しさが必ずしも証明されない）世界に生きているということなんです。induction は「本当にそれはそうなのか」ということを問われると怪しいし、仮説推論にしたって「こういう仮説を立てると、いちいち話が合うからそうなのだと思われる」というところまでしか言えません。

しかし、いくら怪しくても科学のクリエイティヴな部分の方法論として使えるのは、結局、帰納と仮説推論しかないんです。演繹はその本質においてトートロジーですから、クリエイティヴな要素はまったくありません。論を展開していくという点では、極めて強力かつ有用ですが、科学のもっとも大切な現場（すなわち真理発見の現場）では、使えないんです。

それ故に、結局「そこは分からん」みたいな部分が必ず出てくるのがあらゆるサイエンスの現実です。というかむしろ、デカルト的な真理の法則が通用するのは純粋数学の世界だけで、その他のサイエンスにおいては abduction しかあり得ない、というのが本当のところだと思います。だからこそ abduction というのが非常に重要になってきますが、この基礎を掘り下げるというのは、論理学の世界でもいちばん難解な部分になっていて、そのあたりはサンダース・パースを読まなければなりません。

アメリカ哲学のもっとも面白い部分は、プラグマティズム三人衆と言われるウィリアム・ジェームズ、ホワイトヘッド、サンダース・パースの三人の哲学ですが、そのうちでいちばん分かりやすくて面白いのがウィリアム・ジェームズで、その数理哲学と存在論（*Process and Reality*）は難解きわまりないけれど、大衆的な講義録が面白いのが、ホワイトヘッドです。

パースは現代論理学と数理哲学の深みにとことん入りこんでいったために、ひたすら難解だけど評価が高い人、といったところでしょうか。いずれも読みごたえがありますから、一度挑戦してみるといいでしょう。ただ、ウィリアム・ジェームズを除いて翻訳不可能な文章が多いので、日本語の訳本を読んでもほとんど分からないかもしれない、ということを付け加えておきます。

ちなみに、先ほどの「要素還元」を英語では reduction と言うんですが、これは「もう一回 duct に入れ直す」ということです。この四種類の -duction（induction, deduction, abduction, reductin）を英語で覚えておくと、物事をきちんと考える上でとても役に立ちます。

——で、話を戻すと、推論科学をする人たちは、ベイズ統計を abduction の一種だと考えています。これが、「〜が成り立つとすると、こういう結論が出てくるはずだ」というような論法を使うからです。必ずこうなるという話ではなく、「ああなら、こうなるはずだ」ですから、あくまで仮説論法なのです。

ベイズ統計というのは、数学的には便利で役に立つ技法でして、最近はサイエンスの多くの分野で広く使われています。実用的には多くの世界で役に立ち、いかにももっともらしく聞こえますが、必ずしも論理的に厳密なものではないということは知っておくべきです。

〝分かる人〟になるために

さて、ここに掲げたのは、二十世紀初頭、詩人エリオット[13]によって書かれたもっとも有名な詩"The Waste Land"（「荒地」）の一節です（次ページ参照）。およそ文学畑の人は、読んだことはないにしても、そのタイトルを聞いたことくらいはないとモグリだと言っていいほど、今でも大きな影響を与えています。それくらいすごい詩ですから、一度は訳本ないし原本を手に取ることをおすすめします。

引用した HURRY UP PLEASE IT'S TIME は、日本語訳では「時間です、お早く願います」と

■ “The Waste Land” の一節（II. A Game of Chess より抜粋）

HURRY UP PLEASE IT’S TIME
Well, that Sunday Albert was home, they had a hot gammon,
And they asked me in to dinner, to get the beauty of it hot—
HURRY UP PLEASE IT’S TIME
HURRY UP PLEASE IT’S TIME
Goonight Bill. Goonight Lou. Goonight May. Goonight.
Ta ta. Goonight. Goonight.
Good night, ladies, good night, sweet ladies, good night, good night.

しか出ていませんが、英語の原文だとここは字体からして違っています。HURRY UP PLEASE IT’S TIME というのは、イギリスの居酒屋（パブ）で、遅い時間になって店を閉じるときに「もう時間ですから、急いで飲み干して出てください」とお店の人がお客全体に怒鳴る言葉なんです。それをそのまま詩に使っている。だからそういう習慣を知っている人にとってはなるほど、となるわけですが、日本人には解説がないと伝わりませんね。

「荒地」の中でいちばん有名なのは、冒頭の一節 APRIL is the cruellest month（四月は残酷の月）です。しかしこれを日本人が読んでいるのを聞くと何だかわけが分かりません。生粋の日本人だとcruellestのところがちゃんと発音できないからなんです。日本人の学者の解説の中にも、ここは音響的に変だと書いてる人がいます。だけど、生粋のイギリス人がパッと発音してくれると、これが音響的に非常にいい詩句だということが納得できます。

僕の場合は後期課程で文学部に進学してから、講師をしていたイギリス人の詩人が講義で朗読してくれたのを聴いたんですが、これはネイティヴの人に発音してもらわないとその響きの良さが絶対に分からないと思いました。エリオットの詩、特に“The Waste Land”の詩の講義は駒場でも絶対にあるはずだと思いますが、イギリス人の授業だったら聴いておくといいですよ。しかもこの“The Waste Land”の場合は、根っこの部分が聖杯伝説[14]に基づいていて、僕が受けたその講義も半分くらいが聖杯伝説の話でした。これが名講義で、聴いてはじめてヨーロッパ文明の深さを思い知らされた気がしました。

それくらい聖杯伝説というのは、とてつもない深さと広がりを持っているんです。ヨーロッパ文明の一角には、文学にしても音楽にしても絵画にしても、実に多くのものが、聖杯伝説を背景にしてはじめて理解できる作品群として存在しているんです。「荒地」はもちろんですが、ワグナーの音楽からラファエル前派の絵画などなどたくさんのものがそうです。

思いがけないところでは、たぶん見たことがある人も多いと思うけど、フランシス・フォード・コッポラの『地獄の黙示録』（151ページ参照）という映画もそうなんです。先ほど話題にした『解読「地獄の黙示録」』という本で、僕はあの映画を誰もやったことがないレベルでつぶさに解読解説してるんですが、その鍵になっているのが、「荒地」なんです。あの映画は「荒地」を下敷きにして作られていて、コッポラもそのことを隠していません。一般大衆に説明するときは、あれをただの冒険映画、戦争映画であるかのように語っていますが、フランスの映画専門誌『カイエ・デュ・シネマ』[15]のような映画を深いレベルで掘り下げる雑誌にインタビューされるようなときには、それをはっきり自分から口にしています。

「荒地」には、詩が全部終わったあとに、エリオット自身がつけた詳細な注釈があります。あの詩は全篇がシンボリックな表現に満ち満ちていて、しかも詩の一行一行に、ヨーロッパ文明あるいは世界の文明を代表するような、人類の文化遺産的な先行諸作品（インド哲学の書物『ウパニシャッド』からダンテの『神曲』まで）の引用がちりばめられているという不思議な作品で、それが分かれば分かるほど、これほど壮大な言葉による構築物は他にないのではないか、と思えてくるくらいに入念な細工がほどこされています。

しかし、その細工にちゃんと気づけないと、何が何だか分からないものに終わる恐れがありますので、彼は、自分が作品のすみずみまでほどこした細工を自らの注釈によってすべて明らかにしてしまう、という挙に出たわけです。そして、それらの注釈の前に、彼は「これらの注釈を読むより、この詩を理解するのにいちばん良い方法は、文化人類学者ジェシー・ウェストンの『祭祀からロマンスへ』[16]という本を読むことである」と書いています。あの詩の着想は基本的に、この本と、J・G・フレイザーの『金枝篇』[17]から得た、と。

そして、『地獄の黙示録』のクライマックスに近い場面で、主人公のウィラード大尉が、カーツ大佐を殺そうかどうか迷い抜く場面で、カメラが急にカーツ大佐の机の上に向かい、そこにこの二冊の本『祭祀からロマンスへ』と『金枝篇』があるのをハッキリと映し出します。それは、この先の場面は、この二冊の本（それはとりもなおさず「荒地」ということでもあるのですが）のコンテクストで読まれるべき場面であるという、監督から観客へのメッセージと言っていいわけです。

映画の巧みなモンタージュによって、驚くほど立派な雄牛の儀式的な死がカーツ大佐の死の映像に重なります。そうすると、そこに土砂降りの雨がザァーッと降ってくるのです。

この場面に、『金枝篇』に描かれているネミ族の王殺しと漁夫王の伝説が重なり合うわけです。そして、不徳であるが故に生命力を失ってしまった王をかついでいた部族の土地が「荒地」と化してしまっていたが、死に瀕した部族が王殺しを敢行して、民衆が王を取り替えてしまうと、恵みの雨が降り、「荒地」が緑なす生命の豊穣に再び戻ることができた、という物語がそっくりそのままここにかぶってくるわけです。

このように、テキストあるいは画像の解読という作業を通じて、よりいっそう深い所へ入っていけるのが、文系カルチャーの面白いところです。逆にいうと、文系カルチャーの産物は、深いレベルの解読能力がないと、ごくごく表層しか解読できないということで、そういう解読能力を身につけることが、すなわち教養を身につけることだと思います。

聖杯伝説のようななじみがうすい世界の話になると、日本人のほとんどは解読能力を持ちません。そういうわけで、日本の知識人が西洋文化に関していちばん欠いているのは、ポエムに関する知識なんです。日本では大学を出た教養人ですらほとんどの場合、詩に関する知識はまったく持ちあわせていません。だけどエリオットやマラルメの詩ぐらいになると、欧米人、特にその国の人にとってはもっとも重要な教養の一部になっています。欧米の教養人（政治家も含めて）が書く文章には、分かる人には分かるかたちで有名な詩の一節が秘かに埋め込まれていることがよくあります。そういう部分が分かるかどうかで、人間の教養は試されるんです。

例えば日本でも、芭蕉の俳句の一節を聞いてピンと来ない人間は、日本人としてちょっとグレードが低いと考えられるわけでしょう？　それと同じですよ。西洋では、ものすごく有名な詩の一節を耳にしても適切な反応ができない人間は、その程度の人として受け取られる。そのときのリアクションでその人物の評価が決まるわけです――別にそういうものを期待しない人は最初からあきらめたっていいけれど、「それでは口惜しい」と思ったら挑戦してみてください。ただし、異国の文化の本格的な学習は結構時間がかかりますから、頭脳経済的にはやめたほうがいいのかもしれません。

さて、なぜここでHURRY UP PLEASE IT'S TIMEを引用したのかといえば、僕という人間が今まさにHURRY UP PLEASE IT'S TIMEという時間帯に差し掛かっているからです。そのことを意識しないといけない、つまりあとどれだけ自分が仕事できるのか考えないといけない歳になっているということです。

■立花隆の未発表本リスト（2010年当時）

『がん　生と死の謎に挑む』（2010年12月・文藝春秋刊）
『自分史の書き方』（2013年12月・講談社刊）
『明治憲法の天皇と、昭和憲法の天皇』
『武満徹　音楽創造の旅』（2016年2月・『武満徹・音楽創造への旅』として文藝春秋刊）
『立原道造《最期の旅 盛岡から長崎へ》』
『東大講義②　進化のコスモロジー』
『インディオの聖像』
『キリスト教批判』
『形而上学』など

私たちの十年、立花隆の十年

ちょっとこれを見てください（上の表参照）。自分が書く予定にしていてまだ仕上げていない本や、原稿はできあがっているが本にはしていないものを並べてみました。僕としては、これくらいやっているうちに自然に寿命が尽きるのだろうと思っています。

リストのいちばん最後に『形而上学』というのがあるでしょう？　形而上学というのは、metaphysics と言うくらいだから、本来 physics（物理学）の上に立つはずなのに、これまで日本の metaphysics をやる人は、physics をほとんど知らない人ばかりでした。だから僕は、現代の physics の最先端の知見に立つ metaphysics があるべきだと以前から思っていたので、これを自分のいちばん最後の本にするつもりでいます。

まあ本当に完成するかどうかは分かりませんが、はじめの数行、いや二十行くらいは既に書いてあるんです（この草稿は、二〇二一年八月・『「知の巨人」立花隆のすべて』文藝春秋刊に掲載）。

例えば素粒子について、いちばん知りたいことが分からないままその基盤とされてきた標準理論そのものがゆらぎはじめている、というのが今の物理学の最先端ですよね？ その研究がどう転ぶかによって、その上に立つ形而上学の様相も変わってくるはずです。そういうところが面白いなあと、かねがね注目しているんです。例えばCERN《セルン》のLHC実験[18]の結果がどう出るかとか、ヒッグス粒子[19]が本当に見つかるのか、それとも見つからないのかとかは、形而上学に直接関わる話ですよね。同じように脳科学についてもいろんなところで哲学的な問題が起きているから、そのあたりも踏まえようと思っています。

しかしいろんなことを面白いと思えているうちが華でして、正直、この先八十代に突入したらどれだけ新鮮な知識欲を保っていられるか、疑問です。たぶんいいとこ七十代半ばまででしょうね。幸いなことに、がんはしばらく休止状態にあるようなので、そう簡単には死なないでしょうが、肉体のあらゆる機能がどうしようもなく劣化していかざるを得ないのが人間の運命です。現実に今、手足の能力は衰えていっていますし、当然いずれは脳のほうにもガタがくるはずです。それまでにやる予定にしていることがどれだけできるかはちょっと心配ですね。

僕があと生きられる時間を考えてみますと、五年の生存率はまあおそらく六、七割あるとしても、十年となるとそれほど蓋然性は高くないわけです。このリストに挙げている本にしても、実際には途中でいろんな仕事が次々に入ってきて全然手をつけられないうちに終わるということにもなりかねません。結局人間というのはいろんな仕事をやりかけのまま死ぬのだろうし、僕もおそらくそういう運命を辿るんでしょう。

しかし君たちはほぼ確実に十年生存するだろうし、二十年、三十年の生存率も僕の十年生存率よりはるかに高い。二十年後、三十年後に出現してくる新しい時代の新しい技術が切り開く新しい領域の可能性とか、その技術を応用することで生まれてくるいろんな新しい社会現象あるいは経済現象というのは、現在の我々には想像もつかないことです。今現在の社会で日常的に存在しているさまざまな事物、現象の相当部分が、二十年、三十年前の人にはそんなものが存在するようになるとは想像もできなかったものです。

同じことが、これからの二十年、三十年でも起きるでしょう。社会は驚くほどダイナミックに変化してきたし、これからも変化していくのです。それを僕が目にすることはないでしょうが、君たちは、ほぼ確実に目にするわけです。

だから君たちは、常に長い目で未来を見据えて、その上でいろんなものを考えていってください。特に人文社会的な歴史、つまり政治とか経済とかが関わる世界というのは、最低でも半世紀のスパンでものを見る目を養っておかないといけません。いや、今は本当はそれ以上に百年、二百年のタイムスパンでものを考えなければいけない時代なんです。

［第五章　注］

1　ヴィーコ（一六六八―一七四四）

イタリアの哲学者。本文でも述べられているが、反デカルト的・反合理主義的な哲学を展開した。とはいえ彼はその生涯を通じ不遇で、いい食いぶちに辿りつけず経済的にも恵まれなかった。女運も悪かったのか、六人の子育てまで一手に負わされていたらしい。哀しいかな、初めてまともな評伝が出されたのも十九世紀以降のことである。

2　『新しい学』

デカルトは、絶対に正しい真理から演繹していくという数学的な方法をとったが、ヴィーコはこれを批判し、真理とはフィクションであり、科学などの新しい知を事実の積み重ねである歴史と結びつけることによって、新しい学問の方法が拓かれるのだと主張した。

3　形而上学

形而とは形のこと。「形而下学」は形のあるものを対象とする学問（物理学）、「形而上学」は形のないものを対象とする学問（哲学）という意味である。このように、「上」「下」は、抽象度の高低を表す言葉として使われることが多い。

4　ポパー（一九〇二〜一九九四）

オーストリア生まれの哲学者。経験主義に基づく科学観を攻撃し、科学と非科学を区別する境界を、ある言説が反証できるか否か（反証可能性）として設定し、批判的思考の積み重ねにより発展する独自の科学観を提示した。

5 『方法序説』(抜粋)

次々に論拠を、まるで単純でやさしいものばかりつなげたあの長い鎖、それを〈幾何学者〉はつねづね役に立てながら、どんなに難しい論証でもやりとげるのですが、あれがきっかけになって私は次のことを想像するようになっていました。つまりどんなものでも、たまたま人間の認識のもとに入ってくる可能性のあるものは、同じ具合につながり合っているということであり、そして何一つ本当でないものをほんものとして受け取るのを差し控え、一つのことをほかのことから演繹するために、必要な順序をいつも守りさえすれば、どんなに遠いものでも、しまいに辿りつけないものはないし、どんなに隠されているものでも発見できないものはないということです。しかもどれから始める必要があるのかを探すのにたいして苦労はしませんでした。というのも、いちばん単純でいちばん楽に認識できるものからだ、ということがもう分かっていたからです。そして考えてみると、みんながこれまでいろいろな学問のうちに真理を探し求めてきたなかで、ただ〈数学者〉だけしか、何か論証を、言い換えれば何か確かではっきりした論拠を見つけ出すことができなかったのだから、数学者が調べたのと同じものから始めるのだということを私は少しも疑っていませんでした。

(『方法叙説/省察』一九九一・白水社)

6 解析学

数学の中で、微分と積分を中心とした非常にひろい分野を指してこう呼ぶ。デカルトは現代的な数式の表記法や、式のグラフを描いて問題を考えるといった、しばらく後のニュートンとライプニッツが微分と積分を打ち立てる上で欠かせなかったであろう、いくつかの新しい提案を行っている。

7 幾何学

図形の性質を扱う学問。もと土地の面積などを扱う測量法として発生し、古代バビロニア、古代エジプト、古代ギリシャで発展した。

ユークリッドがそれまでの幾何学の集大成として『幾何学原論』を編纂した。そこでは少数の前提条件（公理）を取り決め、操作をなかだちとして組み合わせることで、様々な法則（定理）を導き出すスタイルが貫かれ、その後に大きな影響を与えた。

初等幾何学は直感的に理解しやすい平面図形・立体図形を多く取り扱うため、小中学校で「厳密な推論」を教える際によく利用される。また、この過程で育成される初等幾何的モデル（「点」「直線」「角」「平面」「平行」といった概念）は、高度な数学・自然科学の諸概念、さらには人文学における修辞を理解するための土台ともなる。幾何学は、いわば人類共通のコミュニケーションツールとして生活の至るところで活用されているのである。

8　還元できない

例えば「神経細胞の集まりである脳がどうして意識を持つようになったのか」という疑問について考えてみよう。脳を構成する神経細胞ひとつひとつの働き、そこで起こる化学反応が明らかになったとして、それは最初の疑問に対する十分な説明になりうるだろうか？　こうした問題は、「意識」「分かる」「明らか」といった認識の状態を指す言葉を不用意に使っていることから生じているのかもしれない。

9　平行線公理

ユークリッド幾何学における公理（あらゆる推論の前提として用いられる命題）のひとつ。ある点と直線を考えたとき、その点を通ってその直線と平行な直線はただ一本だけ引ける、というもの。

10　ベイズ統計

ベイズ確率という、主観的状況認識を表現する確率の形式を用いて、より現実的な蓋然性を求める統計学。イギリスの数学者トーマス・ベイズから名付けられた。現在日本の大学で広く教えられているのは二十世紀に確立された「ネイマン・ピアソン理論」であるが、近年はベイズ理論がデータ処理技術の向上などにより実用性を増してきた。グーグルなどの検索エンジンにも応用されている。

11　西周（一八二九—一八九七）
啓蒙思想家、教育者。オランダ留学の経験から、ヨーロッパの思想を日本に多く紹介した。『百学連環』の中で、「科学」「芸術」「哲学」「主観」「否定」「理性」「感覚」を始め、数多くの訳語を発明したことで知られる。政治にも明るく、幕末には最後の将軍徳川慶喜の政治顧問を務めた。

12　形式論理
推論の内容を判断せず、推論の構造が正しいか否かを判断する。絶対正しいと認められる命題、つまり恒真命題＝トートロジーと、明らかに正しい推論規則から出発し、それらを組み合わせて証明を行う。

13　エリオット（一八八八—一九六五）
イギリスの詩人。「荒地」を一九二二年に発表、第一次大戦後の英文学界に極めて大きな影響を及ぼした。ミュージカル『キャッツ』の原作『キャッツ——ポッサムおじさんの猫とつき合う法』を書いたのも実はこの人。一九四八年にノーベル文学賞を受賞。

14　聖杯伝説
「聖杯」はHoly Grailの訳。キリスト教的故事や聖遺物を巡る西洋世界の様々な伝説を指す。日本でも、映画『インディ・ジョーンズ』シリーズ、ダン・ブラウン著『ダ・ヴィンチ・コード』、さらにはTYPE-MOONにより発売された同人ゲーム『Fate/stay night』シリーズの流行などにより、多くの人々に広まった。

15 『カイエ・デュ・シネマ』

一九五一年に創刊したフランスの映画批評誌。ヌーヴェルヴァーグの映画作家たちを多数輩出。

16 『祭祀からロマンスへ』

イギリスの文化人類学者、中世研究家のウェストンの著。アーサー王伝説の聖杯物語の起源を、ギリシャ・オリエントの農耕民族発祥の豊穣儀礼に見出し、文学の背景に祭祀的原型を跡付けた作品。

17 『金枝篇』

スコットランドの人類学者フレイザーの著。祭司殺し、精霊信仰、呪術、タブーなど、欧州のみならず世界中の古俗の神話的背景を扱った、民俗学、神話学、宗教学の基本書。実地研究に乏しいと批判される一方、これほど膨大な文献を網羅した書は無二であると高く評価されている。

18 CERNのLHC実験

CERN（欧州原子核研究機構）はヨーロッパ各国が共同で運営する素粒子物理学の研究機関。本来設立を準備するための委員会の名称であったが、委員会が解散して本組織が設立された後も呼称は変更されていない。

またＣＥＲＮにて運用されているＬＨＣ（Large Hadron Collider）は、二〇一〇年現在世界最大で最高の強度を誇る陽子加速器である。

19　ヒッグス粒子

ヒッグス粒子とは素粒子のひとつ。二十世紀に発展してきた素粒子物理学の中でその存在が予言されているものの、いまだ発見されていない。この粒子の発見は素粒子の質量の起源であるヒッグス場の存在を裏づけることとなり、現在の物理理論の命運を担う極めて重要なピースである。ヒッグス粒子に関する今後の研究の動向次第では、質量という概念自体に修正が迫られることとなる。

第六章 ［疑］

ポスト・コールドウォー・キッズ

二〇〇八年以後の金融危機は、「百年に一度の金融危機だ」という言われ方をしてきました。具体的には、一九二九年の世界恐慌[1]と同じスケールか、それ以上というわけです。しかし、実際には世界の経済活動全体のスケールが当時よりもはるかに大きくなっていたせいもあって、あれよりもずっと大きなダメージを受けたわけです。いまだに世界経済はそのダメージから脱しきっていませんし、現在起きているユーロ危機[2]だって、あの延長の問題としてあるわけです。

今、ヨーロッパでは、ＥＵ共同体という仕組みそのものが間違ってたんじゃないかという疑いすら出ています。この先さらにユーロ危機が進行すると、ＥＵの延長上に共通通貨ユーロを作るという、あの仕組みが正しかったのかどうか、という疑問がきっと出てきます。そもそも同じヨーロッパの中でも、イギリスのポンドはユーロから抜けていて、通貨共同体の中に入ってないですよね。政治的な面でも、イギリスはＥＵの中に半身だけ入っているという状況にある。

例えばEUの最初の大統領[3]を決めるときにも、もしブレア（英元首相）が出馬していれば彼が選ばれていただろうと言われていますが、現実には彼は出馬しなかった。なんでイギリスがそんな中途半端な態度をとるかというと、ユーロの世界に入った途端にイギリス独自の通貨政策が取れなくなる[4]のが嫌だからなんです。

実際、他の国にしても、特に通貨危機に見舞われた国々にとっては、あの経済危機から少しでも抜けるためには独自の通貨政策を取ることが必要だったんでしょうが、ギリシャなりスペインなり、ユーロの中に入ってしまった国にはそれができなかった。彼らは通貨に関する主権をEUに譲り渡したかたちになっていましたから。現在、「国家主権[5]とは何か」ということが非常に大きく問われていますが、それがまさしく「ヨーロッパ共同体というものが本当に正しかったのか」という議論に繋がっているわけです。

歴史を遡って考えると、今のヨーロッパ共同体の元となるもの、現代ヨーロッパのもうひとつ前の世界である近代ヨーロッパのそもそもの成り立ちの原点はどんなところにあるのでしょうか。出発点として考えなくてはいけないのは、やはり神聖ローマ帝国[6]の時代でしょう。あの延長上にドイツという国があるからです。神聖ローマ帝国は最終的には「ドイツ国民の神聖ローマ帝国」が公式名称でした。「ドイツ＝神聖ローマ帝国」なんです。

ヒトラー[7]にしたって、自分が作った国を〝第三帝国〟と呼んだでしょう？　神聖ローマ帝国、そしてその後のドイツ帝国[8]、それに続く三番目の帝国だから、〝第三帝国〟と名乗ったわけです。

　神聖ローマ帝国というのは、ローマ帝国崩壊後の西ローマ帝国を復元するべく、ヨーロッパ全体をひとつの政治世界とした、非常に独特の——まあ詳しいことは省きますけど、調べれば調べるほどわけが分からない政治体制なんです。形式的にはヨーロッパ諸国の上に立つ超国家として君臨していたはずなのに、中央集権体制を持つ超国家という感じではありませんでした。むしろ、神聖ローマ皇帝の選挙権を持っている下部の領邦《りょうほう》国家のほうが大きな政治力を持って国家として行動することがしばしばありました。国家主権は帝国の側にあるのか、それとも帝国を構成する領邦国家の側にあるのか。そこがかなり不分明だったんです。何をもって国家主権とするか、その腑分けもはっきりしていなかった。

　そこをはっきりさせるために結ばれたのが一六四八年のウェストファリア条約[9]で、結果、神聖ローマ帝国が解体して、主権を持った国家群が誕生しました。しかし、いくらわけが分からない体制だったとはいえ、ヨーロッパで起こる問題を理解しようと思ったら、それが政治的問題であれ、経済的問題であれ、あるいは文化的問題であれ、一度は神聖ローマ帝国の時代にまで遡ってみないと、問題の背景にある事情が見えてきません。

ヨーロッパというのは、極端な地方分権型の社会ですから、地方が分からないと国家のことも分からないという側面があります。それが神聖ローマ帝国まで遡る事で見えてくるのです。神聖ローマ帝国時代、ヨーロッパは、たくさんの領邦国家や、それとは別の特権を付与された市民共同体、あるいは宗教的特権を付与された司教領などからなる複雑なモザイク模様をなしており、その歴史が今でもヨーロッパの各地域に独特の性格を与えているからです。

日本でこれに近いものを考えると、江戸時代の幕藩体制があります。今でも、ある地方に行ってその地方のことを深く知ろうと思って「この辺は江戸時代、何藩だったのですか？」と尋ねると、この川からあの山までは○○藩で、山の向こうは△△藩だったという具合に返事が返ってきて、「ナルホドナルホド」と納得できるのと、よく似た感じがあります。

君たちの中で、世界史をちゃんと勉強したという人、どれくらいいますか？「ちゃんと」の取り方が難しいと思うんだけど（笑）、例えば「神聖ローマ帝国とは何だ」と聞かれてパッと答えられる人、どれくらいいる？「ウェストファリア条約とは何だ」と聞かれて答えられる？「ウェストファリア条約と国家主権との関係は」と聞かれてパッと答えられる人なんて、なかなかいないでしょう。この前佐藤優《さとうまさる》[10]と新書『ぼくらの頭脳の鍛え方』（二〇〇九・文春新書）を書いたとき、そういう話をしました。彼はいくつかの大学で教えているんですが、そこで好んで、「ウェストファリア条約を知っている人はいますか？」と質問するそうです。すると、誰も知らない。国家主権などの問題を考える上での大前提すらも、日本人はほとんど知らないわけです。

でも、そういうことが分からないと、今のヨーロッパのことは全然理解できません。国家主権について知るためにはウェストファリア条約を学ばないといけないし、じゃあウェストファリア条約について知ろうと思ったら、三十年戦争[11]が何だったのかを勉強しないといけません。そして、三十年戦争が分かるためには、宗教改革とそれ以後の宗教戦争について知らなければなりません。

それは「二十世紀は短い世紀[12]だった。一九一四年に始まり一九八九年に終わった」という言い方に象徴されていますが、要するに、いわゆる帝国と呼ばれた国々が世界を分割しあい、お互いに武力、経済力その他をもって争いを続けていた、そういう時代が十九世紀で、その十九世紀を構成した帝国がみんなで大戦争をやったというのが第一次大戦。それが始まったのが一九一四年で、やっとそこから二十世紀という新しい時代が幕を開けた、というわけです。では一九八九年は何かというと、もちろん冷戦[13]が終わった年ですよね。

この言葉を引用したのは、『二十歳の君へ』の中で上田君が書いた「ポスト・コールドウォー・キッズ[14]一期生の僕」という言葉[15]に僕自身がすごく大きなインパクトを受けたからなんです。それに触発されていくつか文章を書いたくらいです。

まさに〝ポスト・コールドウォー・キッズ〟の世代である君たちに対して、我々の世代というのは、コールドウォー（冷戦）体制が世界の動かざる基本構図であるとずっと思っていた世代だったのですね。その冷戦体制があるとき本当に崩壊しちゃったという、その劇的な変化を目の前で見てぶったまげた世代のわけです。

あの上田君の文章を読むまでは、今の若い世代は何も知らない世代で、どうしようもない無知そのものの連中と思っていたけど、あれを読んで、「いや、そうじゃないんじゃないか」と思ったのです。何も分かっていないのは我々の世代のほうで、我々の世代に起きた「これこそ世界史的大事件」と思っていたものが、実は歴史に浮かぶうたかたのごときもので、百年後には誰も記憶すらしていないものかもしれないと、歴史的認識の大逆転が僕の頭の中で起きたんです。

歴史を巨視的に見ると、五十年に一回ないし、百年に一回くらいのインターバルで、歴史の大きな枠組みを変えるような大変動が起きるものです。そういう大変動が目の前で起きて、それまで世界を支配していたアンシャン・レジーム（旧体制）が一挙に崩壊して、まったく新しい体制に次々と置き換わっていく。しかも、自分自身もその大変化の中心人物として参加せざるを得ない。そういう世代があるわけです。

　そういう体験を経ると、世界の見方というのはものすごく変わらざるを得ないものです。例えばチャーチル[16]は、ふたつの世界大戦を経て、大英帝国が世界を完全支配する超大国の座から滑り落ちてナミの国になっていく過程を必死で支えようとした大宰相ですが、それだけに独特の歴史観を持って世界を見ていました。彼は、第一次大戦と第二次大戦は実は別々の戦争じゃなくてひとつの戦争であったと言うわけです。そういう見方に立って、ふたつの大戦を「もうひとつの三十年戦争」と呼んだんです。

　これについて説明するには、いわゆる三十年戦争について知っていないといけないわけですね。三十年戦争とは、十七世紀にヨーロッパ全土を戦場として続いたグチャグチャの宗教戦争のことです。第一次大戦と第二次大戦をもうひとつの三十年戦争としたのは、チャーチルがこのふたつの戦争をもうひとつの宗教戦争と見たからだと思います。資本主義と共産主義のあいだの宗教戦争です。そう見ると、チャーチルの有名な鉄のカーテン演説（一九四六）で冷戦時代の幕が開いたという流れがよく分かります。

その後、今度は冷戦という、それまでの戦争の枠組みにはない非常に特殊な世界戦争が、ずーっと続いたわけです。それが一九八九年に終わり、我々の今の世界、ポスト・コールドウォーの時代が始まったわけです。さらにその後、〇七―〇八年の世界恐慌的な経済の大変動を経て、再び、世界の大きな枠組み変動が始まったというのが、今の時代だと思います。

今、何が変わりつつあるのか。ひとつは、冷戦終結後の世界をほとんど唯一の超大国として仕切ってきたアメリカの国力が急激に下り坂になり、それに従ってアメリカの国力を支えてきたドルの力も落ち始めたことで、アメリカの時代が終わりそうな気配を見せていることです。

もうひとつは、それとは対照的に、中国が驚くほどの経済力を身につけ、世界のもうひとつの超大国になろうとしていることです。唐、宋、元、明、清と続いたような、百年単位で続く、もうひとつの中華大帝国の勃興期に、我々は立ち会っているのかもしれません。あるいは、そのような大帝国の間にときどき現れた、十年くらいで生まれては消えた中華小帝国のもうひとつの例を見ているだけなのかもしれません。そのあたりの帰趨をはっきりと占うために、我々はもっと長いタイムスパンと広い視野を持って世界を見る力を身に付けなければならないわけです。

しかし、歴史に対するこういった目配りは、日本人の大方が苦手とするところです。今の日本人はいろんな意味で極めて特殊な知的状態にありますが、これは歴史だけでなく地理にも関わることなんです。

〝平和ボケ〟の治し方

この中で、高校のときに地理を勉強した人はどのくらいいますか？　そして、君たちがやった地理は「人文地理」という特殊な地理である、ということを知っている人はどのくらいいますか？　では、人文地理学以外にどういう地理学があるのか知っている人はいますか？　それはですね、「地政学」という学問なんです。

かつて日本で教えられていた「地理」というのは、基本的に地政学だったんですね。戦争が終わった後、日本は占領軍の管理のもとで教育体系を抜本的に変更させられました。

それでいろんなものが廃止させられたんですが、そのひとつが「昔の地理学」すなわち地政学の内容を持つ地理学でした。

地政学というのは、一口に言えば戦争のための地理学です。この状況下でどのような戦争をやればどのような利益が得られるのか。戦争に勝つためにはどのような戦略を展開すればいいのか。グローバルに、局地的にどのような戦術を展開すれば、最大限の国家的利益が得られるのか。イデオロギー的に、資源的に、経済的に、どのような戦略を展開していけばいいのか。そういうことを考えるための地理学です。

だから禁止されちゃったわけですが、それ以来、日本から地政学は消えてしまいました。だから、地政学が何たるかを知っている日本人は、今やほとんどゼロです。ゼロなんだけれども、今でも国際政治とか、国際経済とか、そういうものをやろうとする人が、基本的に知っておくべき地理学は地政学です。

実際、世界の人が地理学的な見方でものを考えるとき、第一に頭におくのは人文地理ではなく地政学です。今のアメリカで国際政治を担う人なんて全員そうです。アメリカだけではありません。ヨーロッパでもアジアでも国際政治・国際経済を考える人なら、すべて地政学を念頭において考えるんです。しかし日本人は、非常に特殊な教育を受けた人以外、

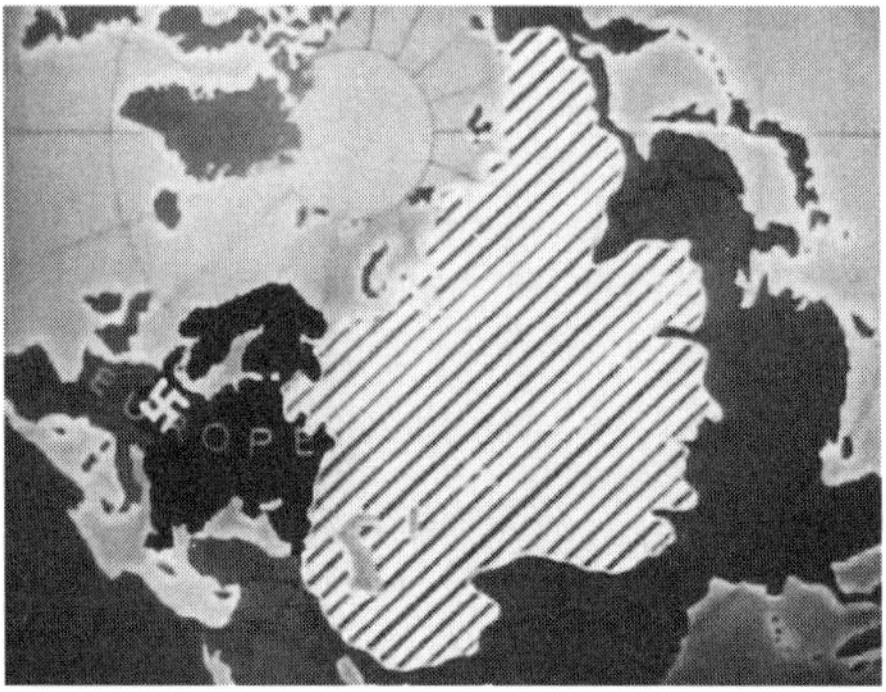

（図は *Why We Fight* より）

■参考文献
『平和の地政学』（ニコラス・スパイクマン著、2008・芙蓉書房出版）
『地政学と国際戦略』（浦野起央著、2006・三和書籍）

■地政学とは？

地政学は大きな視点で世界を眺める学問である。geo（土地）politics（政治学）の名のとおり、地政学の射程にある「世界」を構成するのは人間ではなく、土地・労働力・資源である。

すべての労働力と資源は、地球の四分の一を占める陸地部分に含まれており、その陸地を制することが世界を制することである、という主張からヒトラーの戦略が始まる。

十九世紀後半の帝国主義時代には、植民地政策を海外に進めるためにイギリスなど海軍の強い国家が優勢であった。二十世紀に入り鉄道などの陸上輸送網が発達する中、ドイツは陸上戦略の展開に力を注ぎ、「ハートランド」（上図）を我が物にすることを目指した。

下図で、世界の陸地はさらに二分されている。ヨーロッパ、アジア、アフリカを含む地域は世界島と呼ばれ、当時陸地の三分の二、世界人口の八分の七を占めていた。その要となる地域、アジア東欧地域がハートランド、すなわち世界戦略の心臓部として重要視された。

ヒトラーの考えはこうである。「東欧を制すれば、ハートランドを。ハートランドを制すれば、世界島を。世界島を制すれば、陸地全土を、そして世界を手中にできる」。こうしてドイツは東欧、ソ連へと侵攻していくのである。

これはヒトラーやドイツ独自の考えではなく、多くがイギリスのハルフォード・マッキンダーという地理学者の説に基づく。しかし、航空戦略が主流となってくるに従い、その考えも廃れていく。

ヒトラーが軍事的な空間支配の学問として捉え利用したため、地政学に対して侵略の理論であるというような悪いイメージを持ちかねないが、必ずしもそれは正しくない。実際、戦後の日本やドイツでは地政学がタブー視され禁じられた向きはある。しかし、本来は国力を客観的なデータから見つめ直し、政治や経済、外交に反映するという冷静な学問であり、その視点は、例えば現代日本の安全保障問題などにも欠かせないものである。

戦争とか軍事とか、そういう〝地政学的常識〟の部分がぽかんと抜けていて、地理学といったら人文地理しか頭にない。

そもそも二十世紀の初めの時代においてはそちらの地政学的な地理学が常識だったのです。それを知ってもらうためにＤＶＤを見てもらおうと思いますが（前ページ参照）、これは第二次大戦初期、アメリカが新兵を教育する際に「この戦争（第二次大戦）は何であるか」ということを教えるために作ったシリーズ映画 *Why We Fight* の中の一本 *The Nazis Strike* です。このシリーズ映画は、アメリカがハリウッドの有名監督を総動員して作った映画で、全部で二十本くらいあります。[17]監督は、『或る夜の出来事』など三作でアカデミー賞を受賞した名匠、フランク・キャプラです。これを見ると、アメリカがあの戦争をどう見ていたかが分かってすごく面白いです。

今でも、アメリカ人があの戦争をどう見るのかという基準的視点は、このシリーズ映画にありますから、そういう意味でもこれは見ておく価値があります。しかもこれを見れば、ナチス・ドイツが何を目指していたのかとか、その根底にそもそもどういう世界観があったのかといったことも、よく分かるんですね。

実はドイツには地政学研究所というのがありまして、ＤＶＤにはそこの所長が出てきます。このカール・ハウスホーファー[18]という人は地政学の世界では大変有名な人で、このDVDだけ観ると地政学というのがナチス・ドイツの専売であるかのような印象を受けるかもしれませんが、そうではありません。地政学はもともとアメリカとイギリスを源流として生まれたもので、むしろドイツは後発です。でも、ナチス・ドイツがあの戦争を起こしたときの中心思想はまさにこの地政学的なものの見方だったわけです。

ここで「世界島《せかいとう》」という概念が登場します。その他、ハートランド、リムランド、三日月地帯、両生類国家などいろんな地政学的概念が出てきますが、そういった概念は今でも世界の国家戦略、特に軍事的な側面の戦略を考える人たちがみんな共通して使っているものです。

こういった世界観というのは、おそらく戦後の日本人が聞いたらただびっくりするしかないものでしょう。でもこれを見れば分かるように、今でも広い意味で世界のことをいろいろ分析しようとすると、やっぱり地政学的なものの見方というのが必要になります。戦後のアメリカの国際戦略にしたって、そのすべてが現代的な地政学理論の上に築かれてきました。アメリカが戦後一貫してソ連に対して採ってきた「封じ込め戦略」なんていうのは、地政学的戦略そのものです。結局、それが功を奏してソ連が崩壊したわけですから、冷戦においてアメリカに勝利をおさめさせたのは地政学的戦略であった、と言うこともできるわけです。

リアルな歴史の傍らに

それにつけても思いだすのは、僕が東大の教養学部に入ったころのことです。それは一九五九年、安保闘争の前の年で、キャンパスは既に安保闘争の前哨戦のような様相を呈していました。キャンパスのあちこちでしょっちゅう反安保のデモや集会や演説が行われ、タテカン[19]が立ち並び、ビラがまかれるという状況で、キャンパス中に左翼的な空気がみなぎっていた時期です。そのころの授業で、英語の教師のひとりが学生に読ませるテキストに選んだのが、アメリカの冷戦思想の基盤を作ったといわれる『ソビエトロシアの政治行動の源流』という論文でした。これは、G・F・ケナン[20]が「X」の署名で書いたので「X論文」の名で知られる大変有名な論文です。

ソ連からしてみれば、資本主義と共産主義の間には不断の闘争関係しかなく、平和共存などありえない。それに対抗するアメリカも西側諸国のリーダーとして共産主義勢力をその国内に封じ込めておく戦略をとるべきだ。と、こうした封じ込め戦略の大元の考えが、このX論文では強く主張されています。

アメリカ帝国主義の主張をもっとも明解に表現した論文ですから、そのころ反米、反安保の空気で沸き立っていた駒場の学生にこんな主張が受け入れられるはずもなく、アッという間にこの授業にまともに出てくる学生の数はどんどん少なくなって、ほんの数人しか授業に出ていかない状態になったと記憶しています。僕も、このテキストをちょっとのぞいただけで「こんな論文はくだらん」と思ってすぐに出なくなりましたので、本当のところどれくらいの学生が出続けたかよく知りません。

しかし、今から思うと、こういうものにもっと早く出会っていたら、もう少し世界を冷静に見る目が養えたのにと思います。あの時代、学生に拒否反応が出るのを承知の上で、この論文を英語の授業のテキストに選んだ先生はなかなかの硬骨漢だったのだなと思います。

僕の世界の見方が、あの時代の日本の学生の間で支配的だった左翼主義から離れることができたのは、先述した一九六〇年、十九歳から二十歳にかけての時期にヨーロッパに渡って、向こうの学生、青年たちの反核平和運動の流れに接するようになってからのことです。

日本の平和運動というのは、政治的に社会党、共産党と強い結びつきを持ってきました。しかし、ヨーロッパでは、平和運動の世界で、親共産主義の流れと反共産主義の流れがはっきり区別されていました。それは、ソ連の軍事力の脅威がいつでもリアルなかたちで西側の国々の前にあったからです。第二次大戦が始まるや、ナチス・ドイツの戦車を中心とする陸軍機動部隊が、航空戦力と連携した電撃作戦でアッという間にヨーロッパ大陸の大半を占領支配したことが、ヨーロッパ人の間に悪夢として強く残っていました。下手をすると、今度はソ連の戦車でヨーロッパの中心部が根こそぎ踏みにじられるぞと思っていたのです。これが、反共産主義的な反戦平和運動がヨーロッパの平和運動の中で強い潮流としてずっと続いた理由です。

その懸念は、一九五六年のハンガリー動乱[21]鎮圧のためのソ連軍の戦車出動で半分現実化したように、ヨーロッパの人々には見えました。あの事件で、たくさんの難民が国境を越えて西ヨーロッパの国々に逃れ、そこで亡命者として暮らすようになりました。ハンガリー動乱にしろ、そのずっと後に起きたプラハの春[22]事件にしろ、そうした事件がたくさんの難民、亡命者を生み、周辺の国々に流れていったので（もともと親類縁者が多くいたということもあり）、それはヨーロッパ人の共通体験となっていったのです。

そのようにソ連に対して恐怖心を持つ人々がいる一方、ヨーロッパではソ連に対してシンパシーを持つ人々の集まりである共産党の勢力も一部の国では根強いものがあるという状況もありました。僕が十九歳のときにロンドンで開かれた反核運動に参加した際、ホテル代もない我々に泊まる所を提供してくれたのは、ハンガリー動乱でイギリスに亡命していたカメラマンの一家でした。ヨーロッパの平和運動の場合、共産党系の団体を除いては、反共的マインドを持つ市民運動系活動家のほうが多かったのです。

とくに反核運動の場合、日本の反核運動が「ノーモアヒロシマ、ノーモアナガサキ」をスローガンとする過去の出来事を契機とした多分に心情的な反核運動だったのに対し、ヨーロッパにおいては次の大戦争が起きたら、それは必然的に核戦争にならざるを得ないから、それを何とか今のうちに食い止めよう、そうでないと死ぬのは自分たちだ、という冷徹な現実的予測に基づくレアルポリティカルな運動だったのです。

最近、冷戦が終わった後の東欧諸国の大都市を周ってみて、ベルリンでも、プラハでも、核戦争にそなえて、市の中心部に巨大な核戦争用シェルター[23]があったのを知りました。さらに、それを案内して見せるボランティア団体があるのを知って、見学会に参加してきました。シェルターの中には、化学兵器戦にそなえて、ガスマスクも保管されていて、見学会では、その装着訓練まで行うのです。

平和憲法下で育った我々日本人は、第三次大戦の脅威、核戦争の脅威などを口にすることはよくありましたが、本当にそれをひしひしと我が身に迫る現実的な脅威として受け取ったことはなかったと言っていいと思います。しかし冷戦期にヨーロッパの国境地帯で生きてきた人々にとっては、それは本当に肌で感じる脅威だったのです。それを、ガスマスクの装着訓練に参加して実感しました。

いっそゼロから

話を地政学に戻します。これはダリ[24]の生誕百年記念の回顧展の図録にも載っているんですが、タイトルを『新人類の誕生を見つめる地政学の子供』といいます。資料の解説にあるように、ダリにはアドルフ・ヒトラーに、傾倒とはいかないまでも、魅了されていた時期があったんですね。題のとおり、地球の殻を破って生まれようとしているのが新しい人類で、それを下のほうから見つめているのが「地政学の子供」です。「地球の内部には巨

■ダリ「新人類の誕生を見つめる地政学の子供」

第二次世界大戦中のアメリカで描いた作品。卵の形をした堅そうで柔らかな地球から新たな人間が生まれようとする光景を描いたこの作品はまた、示唆に富んだ作品である。

ダリは一時期アドルフ・ヒトラーに魅了されていたが、それはナポレオンに対する想いと同様に絶対的な力に対する憧れとともに、健康に気をつかい、自らを神話化するために様々な手段を用いたこの権力者に興味を持ったからであろう。しかしながら、そのヒトラーに対する想いが、彼がシュールレアリスムから除名される原因のひとつとなったのである。とはいえ、ダリはこの時代のヒトラーやナチスの考え方に対する探求も十分に行っていたと考えられる。そのひとつが地政学である。

（『生誕100年記念ダリ回顧展展覧会図録』）

■図版の著作権情報

Geopoliticus Child Watching the Birth of New Man, by Salvador Dalí, 1943

大な洞窟があって超人が住んでおり、それが来るべき時が来ると土を破って生まれてくる」という思想的イメージを彼は持っていたわけです。

　そしてよく見てもらうと、この新人類が生まれ出てくる場所はアメリカなんですね。絵が描かれた当時（第二次大戦直前）、ヨーロッパではどんどん異変が起きており、ダリはそこから逃れるようにアメリカへ渡ります。作品を見ると、生まれてきた超人の手が置かれている場所は旧世界のヨーロッパでして、その指先のアフリカ大陸のあたりは流れ落ちてしまっている。これは彼が他の絵でも使っている〝滅びのイメージ〟です。新しい地球は新しい台の上に乗っかっていて、上のほうにある古い胎盤は流れ落ちて滅びつつある。そういうイメージですね。地政学という概念は、ダリの絵のこういうアイデアにも影響を与えていたのです。

　さて、冷戦時代というのは、東西両陣営の最終決戦たる軍事的正面衝突は起こらなかったものの、世界のあちこちでその代理戦争のようなかたちで熱い戦争が次から次に起きた時代でもありました。

　冷戦の幕開け宣言として有名なのが、一九四六年のチャーチルの「鉄のカーテン演説」です。チャーチルは、アメリカのウェストミンスター大学で「アドリア海からバルト海まで、鉄のカーテンが降りている。それによって世界は二分されてしまった」という内容の演説を行いました。鉄のカーテンはもともと、西側のカルチャーや文物の流入によって自分たちの体制がおびやかされることがないようにと東側が作ったものでした。それを逆に、西側が東欧諸国を封じ込めるために使用したのが、冷戦時代だったわけです。東側にとってみれば、自分たちの手で作った鉄のカーテンが、封じ込め戦略によって自分たちをその内側に閉じ込める檻になってしまったわけです。

一九八九年に、その鉄のカーテンにある意味で〝穴〟が開けられ、一挙に東西両世界の境界壁が崩壊するという事態が起きました。僕はちょうどそのときプラハにいて、いわゆるビロード革命（革命につきものの血が流れなかったのでこう呼ばれた）によって目の前で政権がひっくり返るのをウォッチするという貴重な体験をしました。

実は、そのしばらく前にはベルリンにいて、壁が崩壊した後のベルリンで何が起きたかを見ました。ソ連が崩壊するまさにその前後の時期も別の取材で長期間モスクワに滞在していたので、東西冷戦の最後の場面を、あちこちで、詳しく見たという経験を持っているわけです。そのときも、東欧諸国からヤミ屋が一斉に押しかけてきて、モスクワのあちこちで巨大なヤミ市場が次々に生まれ、中央アジアから出てきた遊牧民系の商人たちによって仕切られていきました。

僕は終戦直後の日本社会で、やはり巨大なヤミ市が自然発生的に生まれた風景を記憶にとどめている最後の世代なんですが、世界中どこでも権力が崩壊したあとに起きることはみんな同じなんだなと思いました。

しかし、これからの世界がどのように展開するかというのは、僕にもよく分かりません。ただ、地政学的な視点からすれば、このアジア、あるいは北東アジアが、大きく揺れ動こうとしている状況は見えてきます。中国・アメリカ・日本という三国の関係がこれからどういうふうに変わるか、変わらざるを得ないのか、今いろんな意味で予測がつきません。

予測がつかないというのはつまり、それだけ多様な変化が起こりうる状況だということなんですね。実は明日重大なことがあっちのほうで起きるかもしれないし、こっちでも起きるかもしれない。わけの分からないことが同時多発的に起きて、世界中がカオス状態に陥ることだって十分に考えられます。

それを「わあ面白そう」と感じるか、「なんかとんでもないことが起きそうでいやだな」と感じるか、両方のタイプの人がいると思います。僕は若いときはいつでも「ことあれかし」と思うタイプの人間でしたから、若ければ、文句なしに「わあ面白そう」グループに

■ヨーロッパにおける冷戦の構造

チャーチルの演説（1946年）当時の「鉄のカーテン」を地図中央に黒い太線で示した。

属するはずですが、この歳になってくると必ずしもそうとは言っておれないという感じを持っています。正直なところ、これは日本国にとって大変深刻な状況だと思っています。

　こういう時代であればこそ、日本の政治の中心には、相当長いスパンで世界の歴史と地理、その両方の変遷をきちんと学んだ人がいることが必要なはずなのに、先の鳩山[25]といい、今の菅[25]といい、まるっきりそのあたりのことに無知な感じの人が表舞台に出てきて、思いきり無知をさらけ出した対応をしているのを見ると、日本の未来がますます心配になってきます。彼らが舞台から引っ込んだあとも、控えの政治家の中から誰か優秀な人材がでてくる可能性があるかといえば、そういう気配もさっぱりありません。

　なぜこれほど日本から政治的人材が失われてしまったのか。国家経綸の才ある人物が一向に出てこなくなってしまったのか。戦後日本は、どこかで、政治システムを改良するつもりで、改悪ばかりしてきたのではないかという気がします。

　このままいくと、この先も、基本的な歴史や政治史、軍事史の知識が欠けた人たちが政治をやるという状況が続くでしょう。「いやあ、困った困った」としか言いようがありませんね。

　いずれにしてもこの世の中は、若い世代が次々に新しい時代を担っていくという宿命にあるわけですから、必然的にこれからしばらくすると君たちの世代がそのバトンを受け取ることになる。だけど、そのころまでに、君たちがバトンを受け取る準備はできていると言えるだけの存在になっているのか。どうも、心もとなさが募るばかりです。

　これはもういっそのこと、再び一九四五年のような国家的大破綻を経験して、ゼロから国を建て直すということをやったほうがいいのでは、と乱暴なことを考えたりもしています。

世界情勢は複雑怪奇

　日本が戦争に突入したのは一九四一年ですが、ヨーロッパでは一九三九年九月から第二次大戦が始まっていました。その直前、一九三九年の八月にドイツとソ連が突如、独ソ不可侵条約[26]を結んだのですが、そのとき、日本の総理大臣平沼《ひらぬま》騏《き》一郎《いちろう》[27]は「欧州情勢は複雑怪奇」と言って辞職してしまいました。あのころ、一部の日本人は「日独伊の三国が手を組んで世界を再編成するのだ」と大それたことを考えていました。そして日独伊の三国は、軍事同盟を結ぶのは一九四〇年の九月ですが、いずれ同盟を結ぶふくみで、一九三七年十一月に三国防共協定を結んでいました。「防共協定」を英語でどう言うか知っていますか？　anti-comintern treaty です。直訳すると、「反コミンテルン協定」です。「防共協定」の名称は知っていても、それが「反コミンテルン協定」なのだということを知らない日本人が大部分です。君たちもたぶんそうでしょう。

コミンテルンというのは、共産主義世界革命を起こすという目的を持った国際的な結社の集合体です。コミュニスト・インターナショナル、世界共産党とも言われていました。あの時代の共産党はそれぞれの国に独立の政党として存在していたのではなくて、コミンテルンの各国支部というかたちをとっていたんです。だから、日本共産党はコミンテルン日本支部だし、ドイツ共産党はコミンテルンのドイツ支部、フランス共産党はフランス支部でした。

つまり、〝防共協定〟という言葉には、「世界で大革命を起こそうとしている大組織コミンテルンに対決する国際組織だぞ」という意味が込められていたわけです。コミンテルンの本部があったのはモスクワで、「コミンテルン＝ソ連」というのが一般的な理解でしたから、防共協定（反コミンテルン協定）がそのままソ連と対立する国際協定であるはずだったのに、そのソ連が、日本にとって事実上の同盟国と考えていたドイツと不可侵条約を結んでしまったというのですから、まあ「複雑怪奇」と言って総理大臣が頭をかかえて辞職したくなるのも無理はありません。

日本にとってソ連は日露戦争以来の仮想敵国であり、不倶戴天の敵と思って、ドイツとの間に防共協定を結んでいたわけです。そのドイツがソ連と不可侵条約を結んだことに日本はびっくりして、なすところを知らなかったわけですが、これはドイツ側から見ると、すごく首尾一貫しています。

ドイツはソ連と不可侵条約を結ぶとすぐに（翌月）ポーランドに侵入して、大々的に戦争を始めたわけです（第二次世界大戦）。しかも、ポーランドに対しては、ソ連も東側から侵略を開始して、両国でポーランドを分割してしまうんです。要するに、ヒトラーとスターリンは、お互い直接のケンカはやらないように約束した上で、両者の間にある弱い農業大国を両端から攻めてむさぼり食ってしまったのです。それを見かねてイギリスとフランスがドイツに宣戦布告したところから第二次世界大戦が始まるわけですが、ドイツは例の機動部隊による電撃作戦でアッというまにベルギーを制し、次いでフランスも降伏させます。

ヨーロッパにドイツの覇権が確立する様子を見て、「バスに乗り遅れるな」とばかりに、日本は日独伊三国同盟を結びました（一九四〇年九月）。そして、フランスがドイツに敗北したことで軍隊がいなくなってしまったフランス領インドシナに進駐して利権を獲得していきます。当初日本はヨーロッパの戦争から身を離していたのに、ここで完全に英仏とは距離を置き、独伊と結んでの世界新秩序の樹立に向かうことになったのです。

日本はまず、ソ連と手を結んだドイツにならって、ソ連と中立条約を結んで（一九四一年四月）、北方進出をあきらめ、インドシナから南に向かって蘭印の石油を狙う南方進出に舵《かじ》を切りなおしました。これが対米英開戦に向かう決定的な方向転換になったのです。ところが、その途端に今度はドイツとソ連が戦争を始めてしまうんです（一九四一年六月）。

ドイツはまたも独自行動で、事前に日本に報せてきたわけではありません。そして日本に対して、お前のほうでもソ連に戦争をしかけろ、と焚き付けてくるんです。日本の軍部と政治家の一部が、その話に乗って、ソ連に戦争を仕掛ける寸前までいっています。関東軍特種《とくしゅ》演習（一九四一年七月）といって、軍隊を動員して、満州の国境地帯に兵を送るということまでしているんです。それをぎりぎりのところで思いとどまって南進に向かったのは、実は北進しようにも対米関係の悪化（一九四一年八月、米対日石油輸出禁止）で、日本にはもう石油の手当がつかないという状況があったからです。

　そんなこんなで、あの時代の国際情勢はもう日本が呆然とすることの連続だったわけですが、そういうことを現代の日本人はほとんど知りません。多くの人は、最初から枢軸国と連合国が対立する構図があったと思っているでしょう？　でもそれは全然違うんです。

　そもそも連合国と日本が戦争になったのは、一九四一年十二月のパールハーバー以後のことであり、それまで世界はまったく違う構図にあったんです。というのも、それまでアメリカは、「我が国は欧州の情勢には関与しない」というモンロー・ドクトリン[28]のもとで「ヨーロッパでの戦争には中立」という立場をとっていました。当然、日本とも公式な対決状況にはなかったし、それゆえにこの段階では、第二次大戦は〝世界大戦〟ではなかったんですよ。

　だからこそパールハーバーはアメリカに大きなショックを与えたんですが、今の日本人はその衝撃がなかなか想像できない。いいですか？　すべてはパールハーバーが先なんです。アメリカがドイツに宣戦布告するのも、パールハーバーの後なんです。ドイツがアメリカに宣戦布告するのも、イタリアがアメリカに宣戦布告するのも、パールハーバーの後なんです。日本があの戦争を世界大戦にしたんです。それまでは、ヨーロッパでヨーロッパの戦争が行われていただけと言ってもいいんです。ヨーロッパの戦争が世界大戦になるのは、なんといってもアメリカが参戦したことによってです。そして、アメリカを参戦させたのは、パールハーバーに対する怒りなんです。

そして戦後の話になりますが、国際連合体制というのができますね。しかしUnited Nationsというのは、戦前の「連合国」の英語名そのままですから、わざわざ「国際連合」なんて言い方をしているのは日本だけです。現に中国では一貫して「聯合国」です。

要は、一九四一年以来の、連合国vs.枢軸国という構図は、戦後もUnited Nationsへと繋がっているということですね。それがはじめて崩れたのは、三木内閣のときのランブイエ・サミット（一九七五年十一月）においてです。それまで、枢軸国は一貫して連合国中心の戦後国際体制の中で排除されていました。しかしこのサミットではじめて、第二次大戦の連合国に加え、かつて三国同盟を組んで連合国と対決していた日・独・伊を「国連の主要国」というより、サミットという名の世界の新しい仕切り役として扱う構図ができるわけです。ここで、ポスト第二次大戦の新しい国際構図ができたというべきでしょう。

とにかくこんな具合に、第二次大戦にしろ冷戦にしろ、国際的な構図は常にいろんなかたちで入れ替わっており、しかもそれがいろんな歴史的な含みを持っているということを、今の日本人はほとんど理解していないですね。

真相は深層に

ところで、第二次大戦といえば、ゾルゲというソ連の諜報員が日本にドイツのジャーナリストとして来ていて、大きな働きをしたんですが、君たちもゾルゲの名前くらいは映画にもなったから知っているでしょう。けれど、彼が本当のところ何をやったかは知らないですよね。

当時日本にとってソ連は仮想敵国第一位でしたから、日本の関東軍[29]はソ連との国境地帯に、何十万人という規模で張り付いていました。ソ連軍もそれに対抗して、国境地帯に極東軍のシベリア部隊を十万人規模で張り付けていました。四一年六月、ドイツ軍が不可侵条約を破って突如ソ連に侵入してくると、得意の電撃戦[30]で破竹の勢いで進軍し、数カ月でモスクワ郊外まで迫ります。しかし、ソ連軍は西部戦線と極東軍の間で兵力が引き裂かれ、充分な対応ができなかったために、モスクワは陥落寸前になります。一時は、政府機関がモスクワから全部撤退して、内陸部のクイビシェフという田舎町に疎開してしまったほどです。
ところがソ連は、あと何日持つか分からないというところまで追い詰められたとき、日本との国境地帯に配備していた何十万という軍隊を、シベリア鉄道によって西部戦線に次々と移動させ、その結果、モスクワは救われるんです。

この辺については、つい最近出た『モスクワ攻防戦』（アンドリュー・ナゴルスキ著、二〇一〇・作品社）という本に詳しいのですが、ソ連に極東からの兵の移動を決断させたのは、ゾルゲが東京から送ってきた情報だったのです。日本ではその直前まで北進論と南進論がせめぎ合っており、どちらの戦略が国策としてとられるか分からなかったのですが、「ついに、政府の最高レベルの決定で南進論に決まった。日本軍は南方に向かう。関東軍がソ連に侵入することはなくなった」という内容をゾルゲが伝えたのです。

その当時、ゾルゲ機関の情報網は内閣の中枢にまで張られていました。ゾルゲの仲間に尾崎秀実《ほつみ》[31]という有名な朝日新聞の記者がいて、彼は近衛《このえ》内閣[32]の官房長官クラスとツーカーの関係（親しい間柄）だったために、そういう機密度の高い情報が手に入ったんです。

この情報を伝えたことで西部戦線を救ったゾルゲは、ソ連において救国の英雄[33]としてたたえられ、モスクワの目抜き通りに大きな銅像が建っています。もともとゾルゲはソ連生まれのロシア人でしたが、ドイツ人の血が入っていたこともあって、後に諜報機関に入った後、ドイツに派遣されてナチスに入党しています。身分を隠して情報を取るためです。地政学研究所所長のハウスホーファーと親しい関係になって紹介状を書いてもらい、最初に上海に渡ります。

というのも、そのころ彼はコミンテルンに属していまして、その中央から中国共産党に工作者として派遣されていたんですね。当時の中国共産党の指導者は周恩来《しゅうおんらい》[34]でしたが、ゾルゲは中央から派遣されて来たわけですから、中国共産党のトップの人たちとも対等の付き合いというか、むしろ指導的な立場にいたということです。上海に最初のゾルゲ機関が作られ、そこで東京から上海に来ていた特派員の尾崎秀実と知り合います。

ちなみに日本には、地政学研究所が出している『地政学研究』という学会誌の特派員というかたちでやって来ました。このときもゾルゲはハウスホーファーの紹介状を携えていて、すぐさま日本でもドイツ大使をはじめとする大使館の主要スタッフの高い信用を獲得し、その立場を利用して、日本社会に食い込んでいきます。

非常に興味深いことに、ゾルゲが逮捕された日は、東條英機《ひでき》[35]内閣が成立した日（一九四一年十月十八日）と同じなんです。ゾルゲが暗躍していたころ、東條は内務大臣という警察組織全体の上に立つ役職にありました。ということは、ゾルゲ逮捕にゴーサインを出したのも東條だったわけで、ゾルゲ事件の全貌（ゾルゲ事件のネタ元が近衛内閣中枢にあったことなど）を知る立場にいたわけです。だから彼は近衛にその責任を取らせるかたちで辞任させ、自分が代わって総理になったのだと考えることができると思います。

しかし当時の日本人はそういうことは知りませんでした。ゾルゲが逮捕されたということが社会に伝えられるのはずっと後なんです（新聞に報道されたのは半年後の一九四二年五月十七日）。スパイが捕まったなんてことは普通すぐには公表されないし、まして、その情報のネタ元が近衛内閣の中枢だったことがバラされるのは、ずっとずっと後、戦後のことです。詳しいことが一般に分かるのは、大部の『現代史資料』（一九六二・みすず書房）でゾルゲ事件の関係資料が出てからと言っていいと思います。つまり、何十年も経ってようやく「あの時代の歴史は裏側でこういうふうに動いていたに違いない」という真相が分かってくるわけです。

世の中のことは大概、すぐには真相が見えません。「あのときは実はこうだった」みたいな話は五年十年経つと出てきますけど、その裏の裏まで分かるのはさらに十年二十年経ってからです。だからどんなことでも、それくらいのタイムスパンを持って、違う可能性も見ておかないといけないわけです。

不確かな時の波に揺られて

日本政府が隠していた秘密というのは他にもたくさんあります。

例えば、日本と中国の戦争の始まりといえば昭和一二年の盧溝橋《ろこうきょう》事件[36]ですが、これについては今でも日中の間で、どちらが先にドンパチを始めて、誰に責任があるのか、双方違うことを主張してまったく決着がついていないんです。中国側は、「あれは日本軍が満州事変と同じようにでっち上げた事件で、日中戦争はそのせいで起きた」という言い方をするのですが、日本側の資料は「あれはむしろ中国共産党がゲリラ戦でわざと誘発した戦争で、日本軍はその策略に乗せられただけだ」と主張しています。

どちらが正しいかは分かりません。もうちょっと先になって別の資料が出てこないと、いつまで経ってもお互いに言い合いを続けるだけでしょう。様々な資料からすると、僕は中国側が誘発した可能性のほうが高いと思っていますが。そのころのコミンテルンは結構いろんな謀略をあちこちでやっていて、あの程度のことをやったとしても何の不思議もありませんから。
確かに日本軍もいろいろやったんですよ。満州事変と上海事変[37]に関しては、日本の軍部が意図的にやった謀略事件であることははっきりしているんです。特に満州事変に関しては、詳しい証拠つきで東京裁判において詳細が明らかにされています。けれども盧溝橋事件に関してはどちらか分からないというのが真相です。

コミンテルンの秘密資料は、ソ連にあるものについては、ゴルバチョフ[38]のペレストロイカ[39]政策のあとに少し出て、その後ソ連崩壊後にドドッと出てきたわけです。しかし中国に関しては、まだまだ政治的に不都合なことは隠されたままです。あと何十年かして、中国でソ連のペレストロイカ的なことが起きたり、体制崩壊が起きたりすれば別ですが、当分はいずれも無理でしょう。

要するに、歴史の裏の裏で進行していたことと、世間一般に伝えられていることとでは相当のズレがあるのが普通です。佐藤栄作内閣時代の沖縄返還の裏側だって、本当のことが分かってきたのはつい最近でしょう。今現在起きているさまざまな政治事件にしても、もう一枚裏をめくると、そこで何が起きているのか、真相はすぐには分からないのだから、いつでもそういう目で見なければなりません。

――ともかく、我々は自然科学的にも社会科学的にも人間科学的にも真偽不明の世界にいつでもいるわけです。確かに、ピュアなサイエンス、特に物理学の理論などだと、そんなに時間が経たないうちに証明・反証明がなされるものですが、人間社会や国家社会、あるいは国家利益が関わるさまざまな事象については、目の前で起きていることが本当のところ歴史的にどういう意味を持つのか、簡単には分からないのが普通です。そのあたりが、自然科学の世界と、社会科学の世界と、そして社会の現実そのものの世界との違いです。だからこそ二十歳ごろの人たちには、裏の裏を見る訓練というか、伝えられることの真偽を判定する能力を身につけなきゃいけないよ、と強く言っておきたいですね。

　伝えられたときに、面白くてつい飛びつきたくなる情報は、だいたい相当危ないから気をつけるべきです。そういう一般的な懐疑心をいつでも持っておけということも、言っておきたいと思います。僕らジャーナリズムの世界に入ると、まず叩き込まれるのが、職業的懐疑の精神であると、冒頭で述べましたが、本当は一般の人も同様の懐疑心を持って日々のニュースに接するべきだと思います。

　歴史というのはやっぱり、目の前にどうしようもなく展開していくものでしかありません。一時期、歴史には法則性があるんだと盛んに主張する人たちがいましたが、基本的にそうではないと言っていいと思います。歴史というのはやはり、自由意志を持って行動する人間たちが集合して作りあげるものですから。人間は常に失敗を繰り返すものです。個人的失敗と集団的失敗が交錯して織りなされる失敗のアラベスク模様が歴史なのだ、と言ってもいいかもしれません。そういう世界に法則なんてあるはずがないというのが健全な精神の持ち主の考えだと思います。

それと同時に、目の前の人間に関わる現実も常に揺れ動いていて、その先どうなるか分かりません。ですから、あまりに大きな期待を持って多くのことを考えると、いろんな意味で、すごくガックリ来ることが多いです。世の中のことは基本的に自分の期待する方向には動かないものだと思っていたほうが気が楽だと忠告しておきます。現実はやはり現実として受け入れなければならないという、そういう心構えを常に持っていないといけません。それは個人個人の生活においてもそうです。要するに、何があり得て何があり得ないかということは、事前には決して分からないのです。だからこそ、この世界を常にダイナミズムの相の下に捉えることが必要です。「パンタ・レイ（万物は流転する）」こそ、永遠の真理なのです。

［第六章　注］

1　世界恐慌

第一次大戦後、戦場とならなかったアメリカは武器の輸出など軍需に沸く好景気にあった。特に、敗戦国のドイツには経済復興のための資金援助をし、そのドイツは英仏への賠償金を払い、英仏はアメリカに戦債を支払うという国際的循環がアメリカの「黄金の二〇年代」を築いた。しかし機械化による農作物の生産過剰や投機熱の高まりから一九二九年にニューヨーク証券取引所で株価が大暴落。アメリカは海外への資本投下を止め、輸入も制限したため、恐慌は世界各地へ一気に波及した。

2　ユーロ危機

二〇〇九年、ギリシャでは政権交代により、隠蔽されていた財政赤字が発覚することで、国債が債務不履行になるのではないかという不安が蔓延した。他にも同規模の財政赤字を抱える国が多数あったため、ユーロに対する不信を招き、酷いユーロ安に繋がった。

3　EU大統領

欧州理事会議長の俗称。二〇一〇年九月現在、ベルギーのヘルマン・ファン・ロンパウが務める。

4　その国独自の通貨政策が取れなくなる

通貨を共有するとは、為替レートのみならず、通貨の供給量や政策金利などを通貨圏全体で共有することでもある。ユーロ圏の場合、通貨としての信用を保つ目的で、財政赤字をGDPの三パーセント以下、公債発行残高をGDPの六〇パーセント以下に抑えなければならない、といった制限を設けている。このため参加国では、例えば建設国債の発行が躊躇され、公共事業による景気回復が期待しにくい、などのデメリットが生じることとなる。

5　国家主権

国の立法・行政・司法や戦争の行い方などを決める実権を誰、あるいはどの組織や機関が持っているのか、ということ。

6　神聖ローマ帝国

中世ヨーロッパに存在した権力。古代ローマ帝国の正統な継承者を名乗り、代々ローマ教皇から皇帝の位を授かった。「帝国」の名が冠されているが、実質的には地方の有力者の治める領邦の集合体であった時期が長く、神聖ローマ皇帝が版図《はんと》全域に及ぼす実力を持っていたわけではなかった。

7　アドルフ・ヒトラー（一八八九―一九四五）

オーストリア出身のドイツの政治家。画家を目指していたが挫折し、第一次世界大戦の従軍経験から政治活動に興味を持ち、国家社会主義ドイツ労働者党の総統（フューラー）として躍進。対抗勢力からはナチ党と呼ばれた。第二次世界大戦時に戦争指揮官としてファシズム体制を構築し、敗戦直前に自殺した。

8　ドイツ帝国

プロイセンが主導した帝政ドイツ。その「世界政策」などがきっかけとなって起こった第一次世界大戦で敗北し、解体。

9　ウェストファリア条約

三十年戦争の講和条約。条約が結ばれた神聖ローマ帝国の一地方ウェストファーレンにちなんでこの名が付けられた。この条約によって神聖ローマ帝国が事実上消滅し、世界史上初めて主権国家体制が成立した。

10　佐藤優（一九六〇―）

日本の元外交官、文筆家。元衆院議員の鈴木宗男と親しい。鈴木氏の汚職事件で逮捕され、無罪を主張するも有罪が確定し、失職。彼の主張は著書『国家の罠』などに詳しい。

11　三十年戦争

チェコのベーメン地方におけるプロテスタント（新教）とカトリック（旧教）の対立に端を発する、最後最大の宗教戦争。次第に様相は転じ、神聖ローマ皇帝としてヨーロッパの覇権を確立したいハプスブルク家に対し、フランスのブルボン家が同じ旧教国でありながら政治的目算から新教国側で参戦し、最初の主権国家戦争となった。

12　短い二十世紀

イギリスの歴史学者エリック・ホブズボームが提唱した概念。これと対比されるのが、同時に彼が提唱した「長い十九世紀」という概念で、十九世紀が一七八九年のフランス革命に始まり一九一四年の第一次大戦勃発で終わるとする。

13　冷戦

アメリカ合衆国率いる自由主義陣営（西側）とソビエト連邦率いる社会主義陣営（東側）が、直接の武力衝突をせずに国際社会における主導権を争っていた状態。Cold Warは、国家間での直接的な武力衝突をHot Warと呼ぶことに対比させた呼び名。一九八九年のベルリンの壁崩壊や一九九一年のソ連崩壊は、冷戦の終わりを象徴する事件となった。

14　ポスト・コールドウォー・キッズ

冷戦終結後に生まれた子供たち、の意。現代版『戦争を知らない子供たち』とも言える。言葉の由来はカリフォルニア出身のインディロックバンドCold War Kidsである。それにしても、なんでも〝ポスト〟をつければいいというものではないのだが……。

15　上田君が書いた言葉

先述の駒場祭イベントで立花ゼミが配布した冊子に、ゼミ生上田和輝が寄せたエッセイのこと。該当箇所を引用する。

> くしくも来年（二〇一〇年）の十月三日は世界中で祝われることだろう。東西ドイツの統一、即ち冷戦の終結からちょうどこの日で二十年を迎えるからだ。ポスト・コールドウォー・キッ

ズ一期生の僕の名前には平和の「和」の字が使われている。もう一つの字は「輝」だ。残念ながら僕は輝かしき新生ドイツとは違い、未だ日陰に隠れている。二十歳の僕の目は輝きを宿しているのだろうか？

16　チャーチル（一八七四―一九六五）
イギリスの政治家。第一次大戦時は海軍大臣を、第二次大戦開始直後の一九四〇年から五年間は英首相を務め、第二次大戦における連合国軍の勝利に大きく貢献した。五三年のノーベル文学賞を受賞した『第二次世界大戦回顧録』の中で、両世界大戦を指して「二十世紀の三十年戦争」と評している。いわゆる「Ｖサイン」（Victory のＶ）を広めたのも彼。

17　フランク・キャプラ（一八九七―一九九一）
アメリカの映画監督。ヒューマニズムと社会風刺に富んだ作品でアカデミー監督賞を三度受賞。大戦期には軍隊に志願し、映画班に配属されてプロパガンダ映画 “Why We Fight” シリーズ七作を制作した。

18　カール・ハウスホーファー（一八六九―一九四六）
ドイツの地政学者。ミュンヘン大学教授、同大地政学研究所長であり、ドイツの地政学発展に大きく貢献した。ドイツ大使館の武官を務めたこともある。彼の提唱した生存圏理論はヒトラーの目に留まり、ナチスの政策に影響を与えた。

19　タテカン

立て看板のこと。大学のキャンパス内ではよく見られる。イベントの告知やサークルへの勧誘に利用されることが多い。

20　G・F・ケナン（一九〇四―二〇〇五）

アメリカの外交官、政治学者。封じ込め政策など、冷戦期のアメリカの外交政策を主導。「X論文」は政治誌*Foreign Affairs*に掲載され、封じ込め政策の理論的根拠となっていた。のちアメリカの冷戦政策批判を展開し、ベトナム戦争にも反対した。

21　ハンガリー動乱

一九五六年にハンガリーで起きた反ソ暴動。当時、東欧の共産主義諸国では共産党の強力な統制とソ連中心の経済体制に民衆の不満が募り、各地で反乱が起きていた。ハンガリーでも反独裁・反ソ連の民衆運動が大きく盛り上がり、非スターリン派のナジ政権が成立した。この新政権がソ連圏からの離脱の動きを見せると、ソ連は軍を派遣して民衆運動を制圧し、ナジを失脚へと追いやった。

22　プラハの春

一九六八年にチェコスロバキアで起きた反ソ自由化運動。共産主義に対する民衆の不満を背景に成立したドプチェク政権は、熱狂的支持のもと自由化政策を掲げたが、これに対しソ連のブレジネフ政権は「社会主義諸国全体の利益は各国の個別的な利益に優先する」という方針を打ち出し、周辺の共産主義諸国への内政干渉を正当化した。

23　核戦争用シェルター

nuclear bunker とも呼ばれる。冷戦下の東欧では核兵器の使用が懸念されており、核爆弾の爆風・熱線から逃れて生活するための巨大シェルターが地下に建設されていた。ベルリンにある博物館 The Story of Berlin などで現役のシェルターを見学できる。

24　サルバドール・ダリ（一九〇四―一九八九）

スペインの画家。シュルレアリスムの代表的作家。チュッパチャプスの包み紙をデザインした。作品もさることながら行動の奇怪さでも知られ、展覧会に潜水服を着て登壇したものの酸素補給がうまくいかず呼吸困難に陥るなど、逸話には事欠かない。ただ、彼の奇行やそうした態度は、パフォーマンス的な要素が強く、実際には繊細な人物だったとも言う。色々な分野の学術書を読み、インスピレーションの源としていた。

25　鳩山・菅

それぞれ、第九十三代内閣総理大臣の鳩山由紀夫、第九十四代内閣総理大臣の菅直人を指す。

26　独ソ不可侵条約

ドイツとソ連が相互不可侵を約束した条約。ポーランドの分割に関する密約と抱き合わせだった。一九四一年六月、ドイツが突如ソ連領内に侵攻したことで破棄された。

27 平沼騏一郎（一八六七—一九五二）

第三十五代内閣総理大臣。保守的かつ国粋主義的な政治姿勢をとった。極東国際軍事裁判ではA級戦犯に指定され終身刑を宣告されるも、病気により仮釈放となり、直後に死去した。

28 モンロー・ドクトリン

一八二三年、アメリカ第五代大統領のジェームズ・モンローが提案した孤立外交、相互不干渉主義政策。当時のアメリカは、まだ独立から半世紀しか経っておらず国情が不安定だったため、自由主義の風吹き荒れる欧州の混乱や、イギリスの再干渉を回避しようとしていた。その後、この政策は拡大解釈され、「アメリカのアメリカ（中南米諸国もその名のとおり〝アメリカ〟の一部である）」を主張してカリブ海帝国主義政策を進め、中南米の独占を図った。

29 関東軍

旧日本陸軍のうち、中国東北部を管轄・支配していた部隊。「関東」は日露戦争後に日本が成立させた州の名前で、現在の旅順・大連地域にあった。日本列島の関東地方とは関係がない。

30 電撃戦

戦車をはじめとする地上の機動兵力と航空機の併用によって敵固定陣地を打破する戦略。第一次大戦の戦訓から、各国は国境地帯に要塞や塹壕を築いて防衛に努めていたが、ドイツ軍は地上の機動兵力と航空兵力を連携し、戦線を一気に動かすことで要塞や塹壕の無力化に成功した。

31　尾崎秀実（一九〇一—一九四四）

朝日新聞社記者、満州鉄道調査部嘱託職員。近衛内閣の相談役を務める一方で、共産主義者としてゾルゲとともに諜報活動を行っていた。一九四一年にこれが発覚し、逮捕。のち、ゾルゲとともに処刑されるに至った。

32　近衛内閣

近衛文麿は一九四〇年前後に計三度組閣している。一九三三年に、学友である後藤隆之助が近衛を将来の首相候補と見込んで昭和研究会というシンクタンクを組織したが、これには尾崎秀実も参加していた。

33　救国の英雄

かつてソ連政府は頑なにゾルゲが自国のスパイであることを否定し、ソ連の諜報史にゾルゲの名が登場することはなかった。しかし死後二十年にあたる一九六四年にゾルゲは「最高ソ連英雄勲章」を授与され、正式にソ連の英雄として認められた。

34　周恩来（一八九八—一九七六）

中国の政治家。毛沢東の右腕として長く活躍した。日本への留学経験もある。一九三六年の西安事件において、張学良と蔣介石の仲介役を果たし、「一致抗日」を掲げる第二次国共合作を実現させた。中華人民共和国が建国されて以来、死去するまで一貫して政務院総理・国務院総理（首相）を務めた。一九七二年には、日本国首相（当時）の田中角栄と日中共同声明に調印したことでも知られている。

35 東條英機（一八八四―一九四八）

第四十代内閣総理大臣。第二次世界大戦下の一九四一年から一九四四年七月まで首相を務めた。内閣総理大臣就任時、陸軍大臣と内務大臣も兼務し、軍をコントロールできる者として有望視されていた。戦後、A級戦犯として処刑された。

36 盧溝橋事件

一九三七年七月七日に起きた日本軍と中国軍の武力衝突のこと。中国の盧溝橋付近で、日本軍が夜間演習を行っている際に響いた出所不明の射撃音が様々な憶測を呼び、日中戦争の端緒を作ったという。

37 上海事変

一九三二年に起きた上海国際共同租界での日華両軍の衝突。満州国建国に関する国際的非難を避けるため、目くらましとして日本軍が誘発したものとされる。

38 ゴルバチョフ（一九三一―）

ソ連の政治家。ソ連最後の書記長で、最初で最後の大統領。冷戦末期に様々な改革を試みるも挫折。最終的には政変とソ連崩壊で失脚した。

39 ペレストロイカ

ロシア語で「再編」を意味するこの言葉は、ゴルバチョフの下で行われたソ連の政治改革運動を指す。政治腐敗や国内の閉塞感を打破することを目指したが、ソ連国内でも民主化を求める声が高まって一党独裁制が破綻し、ソ連の社会主義体制は崩壊した。

40　歴史の法則性を主張する人たち

歴史の発展にはある一定の法則があるとする「歴史法則主義」は、ヘーゲルやマルクスの思想の基本理念になっている。

あとがきにかえて　立花隆さんへの手紙

拝啓

最後にお話ししたのが、２０２０年の3月。その際は、「病院に行ってきたけどなんともなかった」とおっしゃっていましたが、その後、何度かショートメールを差し上げてもお返事がなかったので、長い間心配をしておりました。

今年の春も、恒例のお花見にご一緒できたらと思い、ご様子を伺うメールを差し上げたんですよ。

その後しばらくして、ある日ご家族からの連絡で、立花さんがもうこの世にいらっしゃらないということを知りました。まだ誰にも言ってはいけないということでしたので、一人で会社を出て、立花さんと食事をした麴町の幾つかの店の周りをゆっくりと歩きました。

特に２０１０年、『がん　生と死の謎に挑む』と『二十歳の君へ』を同時に作っていた頃は、文藝春秋の執筆室に寝泊まりされていたので、よく一緒にご飯に行きましたね。とんかつ屋さんで、ロースとヒレをそれぞれ頼んで交換して食べたことや、立花さんにお付き合いして、生まれて初めて牛丼屋さんに入り、食券の買い方を教えていただいたことも忘れません。

『二十歳の君へ』の編集作業は、私にとって初めての試みでした。立花ゼミの学生にも部室のように使える場所を立花さんの部屋の隣に用意しました。はじめて書籍を編集する彼らになるべく多くのことを経験してもらいたかったので、私が教えるのは最低限のこととし、ある程度の自由を与えました。苦も楽も味わって欲しかったのです。

今でも忘れられないのは、ある週末、学生から電話がかかってきて「休みの日にすみません。問題が起きたので会社に来てもらえますか」と呼び出されたときのことです。慌てて〝部室〟に行ってみると、ホワイトボードにto do listが書かれていて、一番上に「立花先生に叱られたことにどう対応するか」とありました。

彼らには、「立花先生の講義を学生向けに翻訳する必要がある、僕ら目線でわからないことを調べて、必死に先生についていったら同世代向けに面白いものが作れるんじゃないか」という気持ちが根源にあり、それがこの本を作る彼らのモチベーションでした。

その意気でまとめた原稿を立花さんに渡した時、立花さんは「東大生が書いた文章とは思えない。全然ダメ」とおっしゃったそうですね。東大生の自尊心はそこでポキッと折れてしまったんです。部屋にいたゼミ生はみんな下を向いていました。私は「立花さんのその言葉は叱咤激励に過ぎない、みんなならできると思っているからおっしゃったんだ」と励ましました。

原稿化にあたっては多くの学生が関わっていたので、クオリティやトーン&マナーを合わせるのにも苦労していました。また、原稿化したものに立花さんがA―1、A―2……A―10という直筆の加筆原稿を1日10枚ずつくらい学生に渡し、学生がその文字を判読するのに頭を悩ます、というのもルーティーンでしたね。

普通なら、プロの編集者がやる仕事を、20歳そこそこの学生たちが、授業やアルバイトを終えた後、先生の息遣いが聞こえる隣の部屋で「こんなこと講義では言ってなかったよね」と時に笑いながら作業していたのです。学生のエネルギーもさることながら、立花さんの若者への愛情を感じざるをえません。

そして、作業も終盤に差し掛かったある日の明け方、立花さんはワインを片手に、学生の部屋を訪ねたそうですね。彼らの苦労をねぎらってくださったと翌朝聞き、胸をなでおろした覚えがあります。

あれから10年。ゼミ生にとっては、これが「20歳の頃の話」となっているそうです。その後、学生たちがどうしているか、私と会うたびに聞かれていましたね。立花さんがこの本のなかで言っている「世の中がある程度わかったつもりになれるのは社会に出てから10年」——彼らもその年になりました。出版界に進んだ子たちも、他の職種に就いた子たちも、皆それぞれの場所で輝いています。

「そのとき関心を持たれていることをすごいエネルギーで行ったり来たりすることができるところ、そこにすごさを感じていました。黒板に判読できない文字を書いている先生が楽しそうでした。好きなことを好きに探求していいんだということを背中で教えてくれた、稀有な方です」

今回のことで久しぶりに連絡を取った当時のゼミ生が、そう言っていました。

この本が、多くの若者に届いて、「好きなところに出かけて行って気になることを掘り下げる」立花イズムが継承されることを願っています。

私の手元には、桜の木の下で撮影した立花さんの大きな背中の写真があります。私もその背中からたくさんのことを学びました。もう一度お目にかかってお礼が言いたいです。

敬具

藤森三奈

2021年9月

立花隆様

本書は、二〇一一年に文藝春秋から刊行された『二十歳の君へ　16のインタビューと立花隆の特別講義』から「第二章　二十歳、頭をひねる《立花隆の特別講義》」を再編集しました。章末にまとめた「注」は、当時の東大のゼミ生が作成したものです（新書化にあたり一部加筆修正）。

立花　隆（たちばな たかし）

1940年長崎県生まれ。64年東京大学文学部仏文科卒業後、文藝春秋新社入社。66年退社し、翌年東京大学文学部哲学科に学士入学。在学中から文筆活動を始める。74年『文藝春秋』に発表した「田中角栄研究――その金脈と人脈」は時の総理大臣を退陣に追い込み、社会に大きな衝撃を与えた。著書に『中核VS革マル』『日本共産党の研究』『宇宙からの帰還』『脳死』『サル学の現在』『臨死体験』『シベリア鎮魂歌――香月泰男の世界』『天皇と東大』『がん　生と死の謎に挑む』『死はこわくない』『武満徹・音楽創造への旅』『知の旅は終わらない』など多数。2021年4月30日、急性冠症候群のため死去。享年80。

文春新書

1335

東大生《とうだいせい》と語《かた》り尽《つ》くした6時間《じかん》
立花隆《たちばなたかし》の最終《さいしゅう》講義《こうぎ》

2021年10月20日　第1刷発行
2021年11月5日　第2刷発行

著　者　立花　隆
発行者　大松芳男
発行所　株式会社 文藝春秋

〒102-8008　東京都千代田区紀尾井町3-23
電話（03）3265-1211（代表）

印刷所　理想社
付物印刷　大日本印刷
製本所　大口製本

定価はカバーに表示してあります。
万一、落丁・乱丁の場合は小社製作部宛お送り下さい。
送料小社負担でお取替え致します。

©Takashi Tachibana 2021　　Printed in Japan
ISBN978-4-16-661335-9

本書の無断複写は著作権法上での例外を除き禁じられています。
また、私的使用以外のいかなる電子的複製行為も一切認められておりません。

文春新書

◆考えるヒント

民主主義とは何なのか　長谷川三千子
寝ながら学べる構造主義　内田　樹
私家版・ユダヤ文化論　内田　樹
勝つための論文の書き方　鹿島　茂
成功術　時間の戦略　鎌田浩毅
世界がわかる理系の名著　鎌田浩毅
ぼくらの頭脳の鍛え方　立花　隆・佐藤　優
知的ヒントの見つけ方　立花　隆
日本人へ　リーダー篇　塩野七生
日本人へ　国家と歴史篇　塩野七生
日本人へ　危機からの脱出篇　塩野七生
逆襲される文明　日本人へⅣ　塩野七生
イエスの言葉　ケセン語訳　山浦玄嗣
聞く力　阿川佐和子
叱られる力　阿川佐和子
「強さ」とは何か。　宗　由貴・監修　鈴木義孝・構成

何のために働くのか　寺島実郎
日本人の知らない武士道　アレキサンダー・ベネット
女たちのサバイバル作戦　上野千鶴子
迷わない。　櫻井よしこ
サバイバル宗教論　佐藤　優
サバイバル組織術　佐藤　優
無名の人生　渡辺京二
生きる哲学　若松英輔
脳・戦争・ナショナリズム　中野剛志・中野信子・適菜　収
無敵の仕事術　加藤　崇
不平等との闘い　稲葉振一郎
70歳！　五木寛之・釈　徹宗
歎異抄　救いのことば　釈　徹宗
プロトコールとは何か　寺西千代子
珍樹図鑑　小山直彦
それでもこの世は悪くなかった　佐藤愛子
知らなきゃよかった　池上　彰・佐藤　優
知的再武装　60のヒント　池上　彰・佐藤　優

死ねない時代の哲学　村上陽一郎
コロナ後の世界　ジャレド・ダイアモンド　ポール・クルーグマン　リンダ・グラットン　マックス・テグマーク　スティーブン・ピンカー　スコット・ギャロウェイ　大野和基編
スタンフォード式
お金と人材が集まる仕事術　西野精治

◆教える・育てる

幼児教育と脳　澤口俊之

語源でわかった！英単語記憶術　山並陞一

外交官の「うな重方式」英語勉強法　多賀敏行

女子御三家　桜蔭・女子学院・雙葉の秘密　矢野耕平

男子御三家　麻布・開成・武蔵の真実　矢野耕平

僕たちが何者でもなかった頃の話をしよう　山中伸弥・羽生善治・是枝裕和・山極壽一・永田和宏

続・僕たちが何者でもなかった頃の話をしよう　池田理代子・平田オリザ・彬子女王・大隅良典・永田和宏

◆サイエンス

世界がわかる理系の名著　鎌田浩毅

「大発見」の思考法　山中伸弥・益川敏英

粘菌　偉大なる単細胞が人類を救う　中垣俊之

ねこの秘密　山根明弘

ティラノサウルスはすごい　土屋健　小林快次監修

アンドロイドは人間になれるか　石黒浩

マインド・コントロール　岡田尊司

サイコパス　中野信子

植物はなぜ薬を作るのか　斉藤和季

超能力微生物　小泉武夫

秋田犬　宮沢輝夫

フレディ・マーキュリーの恋　竹内久美子

猫脳がわかる！　今泉忠明

ウイルスVS人類　瀬名秀明・押谷仁・五箇公一・岡部信彦・河岡義裕・大曲貴夫・NHK取材班

文春新書のロングセラー

樹木希林
一切なりゆき
樹木希林のことば

二〇一八年、惜しくも世を去った名女優が語り尽くした生と死、家族、女と男……。ユーモアと洞察に満ちた希林流生き方のエッセンス

1194

中野信子
サイコパス

クールに犯罪を遂行し、しかも罪悪感はゼロ。そんな「あの人」の脳には隠された秘密があった。最新の脳科学が解き明かす禁断の事実

1094

橘　玲
女と男　なぜわかりあえないのか

単純な男性脳では、複雑すぎる女性脳は理解できない！「週刊文春」の人気連載「臆病者のための楽しい人生１００年計画」を新書化

1265

ジャレド・ダイアモンド　ポール・クルーグマン　リンダ・グラットンほか
コロナ後の世界

新型コロナウイルスは、人類の未来をどう変えるのか？　世界が誇る知識人六名に緊急インタビュー。二〇二〇年代の羅針盤を提示する

1271

立花　隆
知の旅は終わらない
僕が３万冊を読み１００冊を書いて考えてきたこと

立花隆は巨大な山だ。政治、科学、歴史、音楽……、万夫不当の仕事の山と、その人生を初めて語った。氏を衝き動かしたものは何なのか

1247

文藝春秋刊